最強の教訓！ 世界史

神野正史

PHP文庫

○本表紙図柄＝ロゼッタ・ストーン（大英博物館蔵）
○本表紙デザイン＋紋章＝上田晃郷

まえがき

――歴史から教訓を学ばぬ者は、過ちを繰り返して亡びる。（英首相、W・チャーチル）

――愚者は経験に学び、賢者は歴史に学ぶ。（ドイツ宰相、O・ビスマルク）

――前車《ぜんしゃ》の覆るを後車《こうしゃ》の戒《いまし》めと成す。（前漢博士、賈誼《かぎ》）

――歴史に学べ。それにより人の行動が読める。
何が変わって、何が変わっていないかがわかる。（日本首相、吉田茂）

洋の東西を問わず、古今を問わず、歴史にその名をとどめし偉人たちが口を揃えて言う言葉、それが「歴史に学べ」です。

ここで注意すべきは「歴史を学べ」ではない、ということ。

嘆かわしいことに、現在の学校教育の現場では、歴史（用語）を丸暗記させることに終始しています。

こうした環境に置かれた学生も「歴史は暗記科目」と信じて疑わない有様。

歴史用語の丸暗記など、所詮は「偏差値を上げるためだけに特化された訓練」にすぎませんから、そうして得た知識など、ひとたび受験が終われば、何の役にも立ちません。

そのため多くの人は、学生時代に「歴史（用語）を学んだ」ことはあっても、「歴史に学ぶ」機会を奪われ、その悲劇にも気づかぬまま、こう嘯《うそぶ》くのです。

「歴史なんてつまらない！」

「歴史を学んだら、それが何かの役に立つのか？」

嗚呼《ああ》、なんという人生の損失でしょうか。

歴史は、知識を蓄積することと自体には意味がありません。

これを体感し、その流れや意味を理解し、自分の置かれた状況と照らし合わせた上で、そこから人生訓を汲み取ることに意味があるのです。

世界史こそ、最強の成功哲学書である。

この世に生を享《う》けて以来、一度も失敗せずに人生を全《まっと》うできた者など、ただのひとりもいません。

どれほど才能あふれる人物であろうが、偉人であろうが、英傑であろうが、成功は必ず失敗を重ねたあとに成し遂げられています。

逆に言えば、「失敗をしなければ成功もまたあり得ない」とも言えます。

しかしながら。


――人に与えられた時は束《つか》の間の虹の如し。（古代ローマ哲学者、L・セネカ）

前に進もうと思う者、事を成そうとする者にとって、人生はあまりにも短い。

とはいえ、今、自分が置かれた状況において、どう考え、どう行動すれば、どういう結果が待ち受けているのか。

その「答え」を知っている者などいません。

そこで登場するのが「歴史」です。

歴史を紐解けば、ありとあらゆる立場、ありとあらゆる状況の者たちが、ありとあらゆる成功と失敗を繰り返しています。

どう行動して失敗したのか、どう判断して成功したのか。

先人たちの成功と失敗の中に、必ず「答え」が隠されています。

歴史は人生訓の宝庫。

失敗を〝贄《にえ》〟とすることは必要ですが、それを自分の人生で実行する必要などありません。

すでに先人たちが無数の失敗をしてくれているのですから、これを学び、体感し、自分の人生と照らし合わせながら〝疑似体験〟することで、実際に失敗したのと同じ効果を得ることができます。

ましてや。

これからの日本――いや世界は、確実に混迷の時代へと突入していくことは必定。

平和な時代というのは、多少失敗しても〝やりなおし〟が利くものですが、混迷の時代は違います。

戦国時代がそうであったように、混迷が深まれば深まるほど、たった一度の失敗が取り返しのつかない失態につながる場面も多くなります。

まさにこれからの時代、〝転ばぬ先の杖〟として「歴史に学ぶ」という姿勢は、より一層重要性を増すことになります。

そこで本書の登場です。

本書では、世界の歴史の中から「これだけは！」という最低限知っておいてほしい

15の人生訓を取り上げ、実際にそうした試練に直面した偉人たちの対処を体感することで、彼らの失敗や成功を、自分の人生に取り込んでいこうとするものです。

歩みを進めようとしているのに、足を取られてなかなか前に進むことができず藻掻《もが》いているならば、そこから抜け出すヒントが見つかるかもしれません。

本書が、その一臂《いっぴ》となってくれることを願いつつ。

2016年2月

最強の教訓！ 世界史　目次

まえがき……3

第1章 逆境は飛躍の糧
――不遇時代をどう過ごすか。それが未来の飛躍を決める。

01 ナポレオン・ボナパルト *1769-1821*……22
革命期フランスの軍人・政治家。
裸一貫で身を起こし、フランス第一帝政の皇帝に即位する。

02 劉備 玄徳 *161-223*……36
後漢末、戦乱期中国の軍人・政治家。
わらじ売りから身を起こし、蜀漢の初代皇帝に即位する。

第2章 天は自ら助く者を助く
――どんな絶望にあっても諦めない。その者にのみ幸運の女神は微笑む。

第3章

百戦百勝は善の善なる者に非ず

——勝てば勝つほど敗北へと近づいてゆく。強い者ほど弱く、弱い者ほど強い。

03 ユスティニアヌス大帝 483-565 …… 58
東ローマ帝国の皇帝。帝国千年におよぶ歴史の中、唯ひとり「大帝」と呼ばれる人物。

04 東郷 平八郎 1848-1934 …… 73
「東洋のネルソン」と呼ばれる旧日本海軍の提督。日露戦争時、連合艦隊司令長官として活躍。その死後も「神」として祀られた人物。

05 韓信 c.230B.C.-196B.C. …… 96
秦末漢初、劉邦に仕えた武将。蕭何・張良と並ぶ三傑に数えられ、蕭何に「国士無双」と絶賛された英傑。

06 ハンニバル 247B.C.-c.183B.C. …… 113
ローマを震え上がらせたカルタゴの将軍。アルプス越え、カンナエの戦など、彼の戦いぶりは現在まで語り草となっている。

第4章
戦術と戦略を見極めよ
——目先の勝利に囚われて大略を見失ってはならない。

07 オットー・ビスマルク *1815-1898* …… 140
永きにわたって分裂状態が続いていたドイツを統一に導いた名宰相。
明治の政治家からも尊崇を受けた傑物。

08 上杉 謙信 *1530-1578* …… 161
自らを「毘沙門天」の化身と称した、戦国時代の越後国の大名。
生涯不犯、義を重んずる無敵の「軍神」。

第5章
最大の危機こそ好機
——ピンチとチャンスは同じ形をしているもの。
それをピンチと見るか、チャンスと見るか。

09 ミルティアデス *c.550B.C.-489B.C.* …… 176
古代ギリシアにおけるアテネの将軍。
マラソンの由来ともなったマラトンの戦で祖国を救った名将として名高い。

10 フリードリヒ大王 1712-1786 …… 190
プロシア王国、ドイツ帝国を通じて、「大王」の名を冠する唯一の王。
四大国を敵に回した戦争に勝利する。

第6章

方針貫徹か、転換か

――状況が変われば方針も変わる。
ひとつの方針に執着してはならない。

11 昭襄王 306B.C.-251B.C. …… 209
中国は戦国時代末期の秦王。のちに天下を統一する始皇帝の曾祖父。
佞臣の讒言に踊らされることが多かった。

12 フィリップ・ペタン 1856-1951 …… 221
第一次世界大戦時、ドイツ軍の猛攻からヴェルダンを守りきった
フランス救国の英雄。
しかし晩年、売国奴として死刑判決を受ける。

第7章 常勝の秘訣は戦力集中

——水滴とて一点に集中させれば石をも穿つ。
持てる力を一点に集中するのが戦いの基本となる。

13 **小モルトケ** *1848-1916* …… 238

偉大なる大モルトケの甥っ子。伯父の七光りのみで出世した参謀総長。
ドイツ帝国を滅亡に導いた最大戦犯。

第8章 小出し遅出しは兵法の愚

——押すときは一気に、退くときも一気に。しかもタイミングを逃してはならない。

14 **メフメト2世** *1432-1481* …… 260

オスマン帝国の第7代皇帝。初代皇帝以来、
夢にまで見たコンスタンティノープル陥落を成し遂げた名君。

第9章 小さな躓きは神の助言

——行動を起こそうと思った矢先の小さな躓き。それは「大きな失敗の兆候」である。

15 **ヘラクレイオス1世** *c.575-641* …… 286
周りの国が一斉に隆盛期に入る中、黄昏の帝国を守らんと東奔西走、八面六臂に戦った東ローマ皇帝。

第10章

囲む師は必ず闕《か》く

——窮鼠は猫を嚙むもの。あえて敵に逃げ道を与えることが楽に勝つコツ。

16 **豊臣 秀吉** *1537-1598* …… 308
戦国時代の武将。三英傑のひとり。足軽または貧農の身分から身を起こし、人臣最高位の太閤まで昇り詰めた天下人。

第11章

押さば引け、引かば押せ

——敵が強大であるとき、正面から戦うのは愚。勝機が来るまで堪え忍ぶことが肝要。

17 **タフマースブ1世** *1514-1576* …… 330
サファヴィー朝ペルシア帝国の第2代皇帝。父帝の死により、10歳で即位。混乱する帝国を安定に導いた名君。

18
徳川 家康 1543-1616 …… 340
戦国時代の武将。三英傑のひとり。
信長が切り拓き、秀吉が安定させた天下を彼が掠めて、世は３００年の泰平となる。

第12章 能ある鷹は爪隠せ

――優れた才能は「諸刃の剣」である。
それはときに我が身を助け、ときに我が身を亡ぼす。

19
賈詡 文和 147-223 …… 358
後漢王朝末期から三国時代にかけて
董卓、李傕、段煨、張繡、曹操、曹丕と転々と主君を変えて活躍した名軍師。

第13章 才ある者に任せよ

――人の上に立つ者は優秀である必要はない。
優秀な者を使いこなせればよい。

第14章

死中に活あり

――追い詰められたときに弱気は禁物。
これを払拭するためにあえて敵陣に突っ込む。

20 **劉邦** *247B.C.-195B.C.* …… 376
農民出身ながら、秦王朝の崩壊後、項羽との熾烈な戦いを経て、前漢後漢合わせ４００年におよぶ泰平の世を切り拓く。

21 **桜井 規矩之左右** *1848-1912* …… 394
幕末、下総国の佐倉藩士に生まれ、24歳で海軍に入隊、西南戦争にも従軍。日清戦争では「比叡」艦長として活躍した。

22 **島津 義弘** *1535-1619* …… 402
「島津に暗君なし」と謳われる中でも「勇武英略を以て傑出す」と讃えられ、「鬼島津」の異名をとる戦国屈指の猛将。

第15章
学びて思わざれば則ち罔《くら》し
――知識を得たことで満足する者は多い。
しかし、実践の裏打ちなき知識など無意味である。

23 孫武 *c.6c.B.C.* …… 412
数千年を経た現在でもまったく色褪せることのない
偉大な兵法書を残した兵法の大家。
しかしその人生は謎に包まれている。

あとがき …… 424

文庫版あとがき …… 428

第1章

逆境は飛躍の糧

——不遇時代をどう過ごすか。
それが未来の飛躍を決める。

人は不遇の真っただ中にあるとき、次のような思いを抱くものです。

――俺は運が悪い。

――チャンスが巡ってこなかった。

「成功者」と言われる人たちを傍目《はため》に見ますと、彼らは必ず幸運に恵まれ、要所要所でチャンスが巡ってきていますので、その気持ちは理解できます。

しかしながら。

歴史を紐解いてみると、こうした考え方自体が、運を悪くさせ、幸運を突き放してしまっていることがわかります。

ギリシア神話にこんな話があります。

全能の神ゼウスの末子カイロスは、好機《チャンス》の神様。

この神様は、「前髪はあるけれど後髪《うしろがみ》がなく、誰の前にも平等に姿を現すけれど、両肩両脚には翼がついていて、疾風《はやて》の如く一瞬で駆け抜けていく」という一風変わった神様。カイロスが現れたその一瞬を捉え、彼を摑まえることができれば、その人には大きな幸運がもたらされます。

しかし、これがなかなか難しい。

彼を摑まえることができるのは、彼が自分の手が届くところまで最接近しているその一瞬、彼の「前髪」を摑んだときだけです。

カイロスの身体に触れることはできません。その一瞬を見逃せば、あっという間にカイロスは自分の元から飛び去ってしまいます。

彼の「前髪」だけが、好機と人との唯一の接点ですが、これは同時に、彼の姿を隠すカムフラージュにもなっているため、彼がこっちに向かって接近しているとき、人はカイロスの姿になかなか気がつきません。

しかし、彼が目の前を過ぎ去ったとき、光る後頭部がよく目立つので、ここでほとんどの人が目の前に幸運が訪れていたことに気づきます。

「あ！　幸運《カイロス》だ！」

しかし、そこから手を伸ばしたのではもう摑まえられません。

伸ばした手は禿《は》げた後頭部につるつるすべってしまうから。
そして人は悔しそうにこう言います。
「嗚呼、惜しかった!
もう少しでチャンスを手に入れることができたのに!」
しかし。
このような発言をする人は、何もわかっていません。
この次もその次も、チャンスを取り逃すことになるでしょう。

『好機の神に後髪なし!』

好機の神が後ろを向いてからでは、もう遅すぎます。
惜しくもなんともありません。
チャンスを逃したとき、それは「逃すべくして逃した」のです。
「惜しい」ということはありません。
古代ギリシア人は、こうした「好機《チャンス》」というものの性質をよく理解し、それをカイロスの姿に重ねたのでしょう。

つまり、不遇にある人というのは「チャンスが巡ってこなかった」のではなく、「他の人と同じ数だけチャンスは巡ってきているのに、それをことごとく逃してきただけ」ということです。

では、チャンスを摑むことができる人とできない人では、どこに差があるのでしょうか。その答えは歴史の中から見出すことができます。

本章では2人の人物からそれを観察していきましょう。

01 ナポレオン・ボナパルト

1769-1821

**革命期フランスの軍人・政治家。
裸一貫で身を起こし、
フランス第一帝政の皇帝に即位する。**

ナポレオン・ボナパルト。
18世紀の末、混迷を窮《きわ》めたフランスに彗星の如く現れ、あっという間にフランスをまとめあげ、のみならず全欧に覇を唱えた「小さな巨人」[※1]です。
西郷隆盛《たかもり》や吉田松陰《しょういん》といった幕末維新の偉人たちも、競って「那《ナ》波《ポ》列《レ》翁《オン》伝」を読みあさり、彼の人生に学んだといいます。

最初の教訓は、彼の人生から学んでみることにしましょう。

35歳の若き皇帝。その逆境時代とは？

彼は16歳のときに士官学校を卒業してからというもの、裸一貫で少尉※2から身を起こして、皇帝にまで昇りつめた破格の人物です。

これほどの大出世といえば、日本では足軽から身を起こして太閤※3にまで昇りつめた豊臣秀吉が思い浮かびますが、彼は14歳で初めて仕官してから天下人となるまで、約40年を要しており、苦労人です。

それに比べてナポレオンはその半分の20年足らず、なんと35歳の若さで皇帝にまで昇りつめたのですから、その出世スピードの速さから、一見、順風満帆に人生を歩んでいったかのようにも思えますが、実はそうではありません。

彼が20歳の誕生日（1789.8/15）を迎える1カ月ほど前にフランス革命が勃発（7/14）。

さらに、23歳の誕生日の5日前には「テュイルリー宮殿襲撃事件（1792.8/10）」を目の前で目撃しています。

まさにフランス革命の激動のド真ん中に彼は生きていました。

ナポレオンも血気盛んな若者でしたから、こうして目の前で展開する歴史的事件の数々に、さぞや血湧き肉躍ったろう――と思いきや。

不思議なほど、彼は革命に興味を示しません。

なぜでしょうか。

このことについて知るためには、彼の生い立ちについて知っておく必要があります。

若くして、人生の目標を見失う

彼は、もともとコルシカ島※4の出身でしたから、血統的にはイタリア系で、生粋のフランス人ではありません。

その彼がまだ母親に甘えたい盛りの9歳のころ、諸般の事情で親元を離れて単身フランスに渡ってきたのです。

ブリエンヌ陸軍幼年学校※5に入学させられたものの、新しい環境になかなか馴染《なじ》めず、コルシカ訛《なま》りもとれなかったため、「田舎者」として同級生から格好のいじめの対象となります。

「ラパイユオーネや〜い！」[※6]

「コルシカ野郎はコルシカへ帰りやがれ！」

こうしたいじめは、いつの時代どこの国にでもあることです。

小学生のころ、いじめられっ子だった彼が、その25年後、皇帝として君臨することになろうとは、誰も想像だにできなかったことでしょう。

最初から心を鎖《とざ》していたためか、いじめられたからか、彼は人づきあいも悪くなり、無口で、ひとり黙々と本を読む少年となっていきます。

そうした孤立した学校生活の中で、「ここフランスは俺の居場所ではない！　いつかコルシカに帰って、故郷に錦を飾ってみせる！」という想いが悶々と、そして深く彼の心に浸透していくことになります。

彼が、目の前で展開するフランス革命になんら関心を示さなかったのは、そうした生い立ち故でした。

また、当時のフランス将官はすべて上級貴族で占められていて、下級貴族でしかも生粋のフランス人ですらないナポレオンが、フランスで出世する可能性はほとんどありませんでした。そうした現実もナポレオンがフランスに関心を示さなかった理由のひとつだったのかもしれません。

「ふん！　革命騒ぎなどどうでもいい。

私の関心は、それがコルシカにとってどう関係してくるかだけだ！」

そんな折、コルシカにパオリ将軍が亡命先のイギリスから帰ってきたとの報を受け取ります。

「なに!?　パオリ将軍がコルシカに戻ってこられたのか!?

よし！　私もすぐにコルシカに帰国するぞ！」

パオリ将軍。

ナポレオンが生まれる前、コルシカ独立戦争で活躍し、「祖国の父」と讃えられていたコルシカの英雄で、ナポレオンは彼をたいへん尊崇していました。

彼はパオリ将軍を慕い、なんとフランス陸軍大尉の地位をあっさり放り出して、※7コルシカに帰島してしまいます。

しかし。

彼は、現実の前に打ちのめされることになりました。

永らくイギリスで亡命生活を送っていた老将軍（パオリ）と、フランスで青春を過ごしてきた青年将校（ナポレオン）では、あまりにも政治理念が隔《へだ》たってしまっていたためです。

たちまちナポレオンとパオリ将軍の関係は悪化し、ナポレオンは彼によってコルシカから追放され、命からがらフランスに舞い戻らざるを得なくなります。

帰国後、ナポレオンはなんとか原隊に復帰できたものの[※8]、幼少時代からずっと思い描いていた「コルシカに錦を飾る」という夢が破れ、尊敬していたパオリ将軍には失望させられ、人生の目標を見失ってしまいます。

しかも、今回のことでボナパルト家の全財産が没収されてしまったため、母と3人の弟と3人の妹を養っていかねばならず、ナポレオンは急速に困窮していきます。

挫折が幸運を呼び寄せる

精神的にも経済的にも大打撃を受けたことで、絶望感にさいなまれて虚無的になってしまってもおかしくありません。

しかし、自分が飢えるだけならまだしも、母や弟妹たちを飢えさせるわけにはいきません。ナポレオンにとっては、悲嘆に暮れている遑《いとま》が与えられなかったことが、かえってよかったのかもしれません。

『失意のときこそ、新たな目標を立てて動く！』

――コルシカに錦を飾る夢は破れたが、
ならば、今度はこのフランスで一旗揚げてやる！

コルシカでの挫折によって初めて彼は「フランス」に目を向けるようになったのです。もしこのとき、なまじコルシカで成功していたら、彼はその一生をコルシカに捧げ、コルシカという小さな島の中で埋没して、彼の名が歴史に刻まれることはなかったことでしょう。

挫折もときに幸運となります。

幸か不幸か、彼がコルシカに帰っている短い間にフランス情勢は激変していました。

彼の留守中に革命は急速に過激化し、国王ルイ16世は処刑され、上級貴族たちがぞくぞくと亡命し始めていたのです。

「上」がごっそりいなくなったことで、コルシカ帰島前まで閉ざされていた出世の道が、突如として彼の目の前に拓《ひら》かれていました。

「禍福は糾《あざな》える縄の如し。常に好機に目を光らせよ！」

人生というものは不思議なくらい、悪いことのあとには良いことがあるものです。

――禍福は糾える縄の如し
――人間《じんかん》万事塞翁《さいおう》が馬

しかし、多くの場合、人は失意の中にあっては自分の不幸を呪うことに心が奪われてしまって、幸運が舞い込んできていることに気がつきません。

ナポレオンはそれを見逃しませんでした。

――今なら、軍功さえ挙げれば出世は思いのままだ！
フランスで出世の道が切り拓かれたのなら、コルシカに拘《こだわ》る必要もない！

好機を自ら創り出す

ナポレオンを包んだ闇の中に一筋の光明が射してきたとはいえ、いつの時代も、実力より先にモノを言うのが縁故《コネ》です。

どんなに「実力」があっても、それを発揮する場が与えられないことにはどうしようもありません。コネがあって初めてチャンスが与えられ、チャンスが与えられて初めて「実力」が発揮できるのですから。

生粋のフランス人ではない彼ですから、フランスに何のコネもツテもありません。

「コネがなければ、自ら動いて作る！」

ここで多くの人は、「結局、なんだかんだきれいごと言ったって、世の中コネじゃないか！　いくら才能があっても、コネがなきゃいつまで経っても梲《うだつ》が上がらない！

どうせ俺なんか！」と腐ってしまいがちです。

しかし、ここからがナポレオンのすごいところです。

ナポレオンはすぐに机に向かい、わずか1カ月で『ボーケールの晩餐《ばんさん》』という小冊子を書き上げます。

当時、彼が住んでいたマルセイユからわずか80キロメートル北西の町、ボーケールの宿屋を舞台に、軍人と市民との議論が交わされる中、「ロベスピエールのやり方でしかフランスが生き残る道はない！」という結論を記したものです。

要するに、時の最高権力者ロベスピエール※9への「ゴマすり」なのですが、彼がこの『ボーケールの晩餐』を自費出版した直後、彼の人生を変える事件が起こります。

彼の住むマルセイユからわずか50キロメートルしか離れていないトゥーロンで政府打倒を標榜する王党派の叛乱が起こったのです。

これを鎮圧すべく、ただちに政府軍がトゥーロンに派兵されたものの、いきなり砲兵隊長が戦死。

――すぐに新しい砲兵隊長を補充せねばならん！

誰か適任者に心当たりはないか？

ちょうどここに赴任していたサリセッティ議員は、ナポレオンがコルシカに渡ったときに、ともにパオリ将軍と戦った同志でした。

「私にひとり心当たりが！」

――うむ、どんな男だ？

「以前、私がコルシカに赴任していたころに知り合った者ですが、なかなか優秀な男です」

――いや、軍人としての才より、私が心配しているのは、
そいつが革命軍人として信用できるのかどうかという点だ。[※10]

「その点なら大丈夫です。

彼は、こんな小冊子を自費出版したほどの熱烈なジャコバン派[※11]ですよ！」

このときの推薦資料として提出されたのが『ボーケールの晩餐』でした。

――む、なるほど！

よし、すぐにそやつを呼び寄せよ！

こうして推薦資料としての『ボーケールの晩餐』が効いて、何の実績もなかったナポレオンがいきなり砲兵隊長に大抜擢されることになります。

ナポレオンはこの貴重なチャンスをモノにしたのです。

「チャンスが来てからあわてて努力を始めたのでは遅い。」

ひとつの夢や目標に向かって努力する。そんなことなら誰でもやっています。

問題はその夢が破れたとき、失意に打ちひしがれることなく、すぐに気を取りなおして「次」に向かって努力を怠ることなく続けることができるか？

失意の中にあっても、好機《チャンス》が訪れていないか目を光らせ続けることができるか？

ここが人生の岐路となります。

多くの人は、そこで意気消沈し、自らの不幸を呪い、しばらくは何もする気が起きなくなるものですが、そんなときこそ、「好機の神《カイロス》」は目の前を駆け抜けていくのです。

ナポレオンが失意のうちにコルシカから逃げ帰ってきたのが6月。

しかし、すぐに次の目標を立てて『ボーケールの晩餐』を書き上げたのが7～8月。

ナポレオンの出世の足がかりとなる「トゥーロン港叛乱」が起こったのが9月です。

もしこのとき、ナポレオンが帰国後のほんの1～2カ月でも無為に過ごしていたら！

ナポレオンはこのチャンスを摑むことができず、このまま名もなき貧乏将校のひとりとして歴史の中に埋没していったかもしれません。

「人生という試合で最も重要なのは、休憩時間の得点である。」

とは、ナポレオン本人の言葉です。

好機の神の前髪を摑むことができたナポレオンは、これを足がかりとして、そこからはとんとん拍子、わずか1年たらずの間に、大尉から少佐、大佐、准将、少将と出世の階段を駆け昇っていきます。ナポレオンの人生には、そこから一波乱二波乱あるとはいえ、このときの飛躍があったからこそ、その先に「玉座」が待っていたのです。

※1　ナポレオンの身長は167センチメートルほど。当時のフランス人成年男子の平均身長と比べてかなり低かったため、「チビ伍長」とあだ名されていました。しかし、その小さな身体に秘められた器量と才覚はあまりにも大きい。
※2　士官の中の最下級。当時のフランスの士官位は少尉から始まり、中尉→大尉→少佐→中佐→大佐→将軍。
※3　当時の日本における人臣最高位。天皇に次ぐ地位。
※4　南仏海岸から170キロメートルほど南東に浮かぶ、四国の半分ほどの規模の島。当時はジェノヴァ領。
※5　現在の日本でいうところの小学校。
※6　直訳すれば、「鼻の穴に突っ込んだ藁（わら）」という意味ですが、語義そのものにはほとんど意味はなく、ナポレオンのイタリア語発音「ナポレオーネ」と引っかけたからかいの言葉。
※7　ナポレオンは、この3カ月前（7月10日）に大尉に昇進したばかりでした。
※8　当時のフランス陸軍は慢性的な将校不足だったため、勝手に職務を放り出してコルシカに帰島したにもかかわらず、これは不問に付され、元の地位に復職できたことは不幸中の幸いでした。
※9　軍人は「ナポレオンの意見を代弁させる役」で、市民は「一般の意見を代弁させる役」です。
※10　当時は軍人の中にも反革命派が多く、彼らは内からの政府転覆を目論む獅子身中の虫だったため。
※11　時の権力者ロベスピエールが率いていた党派。

02 劉備 玄徳

161-223

後漢末、戦乱期中国の軍人・政治家。
わらじ売りから身を起こし、
蜀漢の初代皇帝に即位する。

もうひとり、例を挙げましょう。

今から1800年ほど前の中国、後漢王朝末期に生を享《う》けた劉備※1という人物です。彼もまた裸一貫で志《こころざし》を立ててから、ついには帝位にまで昇りつめた人物ですから、その点はナポレオンと少し似ています。

彼が志を立てたのは奇《く》しくもナポレオンと同じ23歳のころ（184年、黄巾の乱勃発）といいますから、そんな共通点までありました。

戦《いくさ》に敗れ、追われ続ける半生

しかしながら、ナポレオンが曲がりなりにも貴族の端くれで、れっきとしたフランスの士官学校を卒業した正規軍人として、既存の階級を利用して出世していったのとは違い、劉備はわらじ売りの身の上で、正規兵でも何でもない単なる雑兵あがり。

そのうえ劉備は、ナポレオンのような特筆すべき戦術を持っていたわけでもなく、むしろ「戦下手《いくさべた》」で有名で、あえて彼の「武器」を挙げるなら、「漢の中山靖王、劉勝が末孫」という本当かどうかも怪しい肩書と、肩まで届く長い耳くらいのもの。※2

出世のスタート地点としては、ナポレオンに比べて劉備のほうが圧倒的に不利な立場にあったと言えましょう。

そんなわけでしたから、彼はなかなかの苦労人で、23歳のときに旗揚げして以来、遮二無二《しゃにむに》各地を転戦して多くの犠牲を払ったにもかかわらず、ようやく手に入れた役職がたかが「県尉（市警察署長）」。

そのうえ、そうして苦労して手に入れた役職も、上役と大喧嘩してあっさり放棄。再び野に下って転戦し、次に「県丞（副市長）」の地位を手に入れましたが、これもまもなく失職（理由不明）。さらに転戦して、ようやく「県令（市長）」まで出世したものの、今度は戦に敗れて再び失職。

まさに「三歩進んで三歩下がる」の人生を繰り返す苦労人ぶりでした。

その後、しばらく幼なじみの公孫瓚《こうそんさん》や陶謙《とうけん》の下に身を寄せつつ、苦節10年、ようやく手に入れた役職が「徐州牧《じょしゅうぼく》[※3]」でした。

このとき劉備、すでに33歳。冒頭で比較したナポレオンは30歳のときにすでに統領[※4]、35歳のときには皇帝にまで昇りつめていたことを考えれば、その差は歴然[※5]。

そのうえ、劉備はようやく手に入れたこの「牧《ぼく》」という官位すら、ほどなく呂布《りょふ》に追われ、曹操《そうそう》に追われ、すべては御破算。

再び放浪の身となってしまいます。

逆境の中でも、決して努力を怠らなかった

放浪の末、ようやく彼が腰を落ち着けることができたのは、同族の劉表《りゅうひょう》を頼って

その客将《かくしょう》※6となったときでした。劉表から歓待され、荊州《けいしゅう》※7北端の田舎の地、新野城《しんや》を任されたとき、彼はすでに齢《よわい》40を数えていました。

40というのは、当時としては老境にさしかかろうかという歳です。

彼はこの歳まで努力を怠ってきたわけではありません。

それどころか、それこそ死に物狂いでがんばってきたと言ったほうがよいでしょう。

しかしこの為体《ていたらく》。

巷間《こうかん》よく言われる「努力は必ず報われる」というのは嘘です。

現実に目を背けずよく見れば、むしろ報われないことのほうが多いくらいです。

しかしながら、

「成功する者は皆
すべからく努力している」※8

というのも、これまた事実なのです。

努力が無駄になることはありません。

努力することを止めた瞬間、それまでの努力が無駄になるだけです。

劉備もまた、ここ新野で腐ることなく努力を続けています。

たとえば、彼が拠点とした新野は仇敵《きゅうてき》曹操の統《す》べる許都《きょと》から目と鼻の先にありました。その曹操は北の袁紹《えんしょう》との戦い[※9]に明け暮れていましたから、その背後を突く絶好のチャンスが巡ってきたわけです。

「今こそ、逆臣曹操を亡ぼす千載一遇のチャンス！

劉表殿！　どうか出兵の許可を！」

しかし、肝心の劉表に天下を見据《す》える野心なく、曹操と事を構えることに及び腰。

劉備は、幾度となく劉表に進言し、説得しましたが、どうしても動いてくれません。

客将の身なれば、劉表の許可なく勝手に動くこともできず、結果、貴重な時間だけが過ぎていきました。

故事・髀《ひ》肉《にく》之《の》嘆《たん》

――光陰矢の如し――

時が経つのは本当に早いものです。
「人間五十年　下天《げてん》のうちを比ぶれば　夢幻の如くなり」（織田信長）
「露と落ち露と消えにし我が身かな　浪速《なにわ》のことも夢のまた夢」（豊臣秀吉）
「憂世《うきよ》の夢は暁《あかつき》の空」（徳川家康）
「四十九年　一睡の夢　一期《いちご》の栄華　一盃《いっぱい》の酒」（上杉謙信）
昔は50歳まで生きれば「天寿を全う」という時代です。
こうして荊州でくすぶっているうちに、劉備もやがて50に手が届くかというところまできてしまいます。
彼はまだ20代のころに※10「揺らぐ漢王朝を再建する」という大志を立て、以来、四半世紀にわたって戦ってきました。
なんの夢も希望も目標も志も持たず、ただ朝が来たから食らい、催したから便《クソ》を垂れ、眠くなったから寝る――そういう日々を送る者と違い、大望《たいもう》ある者にとって、時間だけが無為に過ぎていくことはたいへんな焦りを感じるものです。
そんな得体の知れぬ焦燥感だけが肥大化していくある日、彼が厠《かわや》に立ったとき、自分の太腿に贅肉《ぜいにく》が付いていることに気がついて愕然《がくぜん》となります。
馬に乗って戦場を駆けまわっていれば決して付くことのない贅肉。

——嗚呼！　何たることだ！
　漢王朝の再建という大志を立てながら、あっという間に老いさらばえ、
　今や、こんなところに贅肉まで付いてしまった！

劉備は自分の歳も思い起こして絶望感に襲われます。

これがかの有名な「髀肉之嘆《ひにくのたん》」※11です。

チャンスに恵まれない状態、手詰まり状態が続くことは、たいへんつらい。

しかし、ナポレオンのところでも見てまいりましたように、そんな気の滅入る期間の過ごし方こそが次に飛躍できるかできないかを決定します。

雌伏のときに為すべきこと

劉備が髀肉を嘆いてまもなく、彼の下に「災い」がやってきます。

曹操は北の袁氏を倒し、いよいよその牙を南——劉備に向けてきたのです。

このときの魏将は、隻《せき》眼の猛将でその名を轟かす夏侯惇《かこうとん》。

そのうえ劉備軍に10倍する大軍を動員してきたのですから、もはや絶体絶命！

しかし。

意外や意外、博望坡《はくぼうは》で無惨な大敗を喫したのは魏軍、夏侯惇。

なぜ劉備は夏侯惇を退けることができたのでしょうか。

その秘密は、新野での「雌伏の7年間」にありました。

その間、劉備はただ髀肉を嘆いていたわけではなかったのです。

『行き詰まったときこそ、今できることを必死に考える。』

劉備は、身動きが取れない新野での7年間、今の自分に何ができるかを必死に考えます。

関羽《かんう》・張飛《ちょうひ》・趙雲《ちょううん》という天下にその名を轟かせる豪傑を多く従え、戦場をかけずり回ってもこれまでなかなか芽が出なかった劉備。

努力が空回りしてしまうのはなぜか。

それは、彼ら豪傑をうまく使いこなす優れた人材、すなわち「軍師《ブレーン》」がいなかったからに他なりません。

曹操には、荀彧《じゅんいく》・賈詡《かく》・郭嘉《かくか》・司馬懿《しばい》などの錚々たる軍師たちがいて、彼を支えてくれていましたが、劉備にはそうした「頼る」存在がありませんでした。

関羽や張飛といった豪傑たちは戦場《いくさば》でこそ、たいへん頼もしいものの、普段は「兄者」「兄者」と金魚の糞のように劉備について回るだけ。

すべての決断・責任が劉備の双肩にかかり、頼られるのみで、彼が相談できる人物がいないプレッシャーは、彼の精神をも蝕《むしば》んでいくことになります。

なんとしても「張良・陳平[※12]にも劣らぬ軍師」を手に入れなければ！

その点、劉備が拠《よ》っていた荊州は、当時の戦乱を逃れてたくさんの才人が集まってきていました。こうして彼は、「雌伏の7年間」を人材収集に尽くします。

とはいえ、優れた人材というのは得難いものです。

方々手を尽くし、足を使って人材収集に努めたものの、なかなか「これ！」という人材には巡り会えず、時間だけが過ぎていきました。

努力はしているのに成果が出ない。こういうときが一番苦しくツライものです。

「髀肉之嘆」もそんなときについ漏れた嘆息《たんそく》でした。

しかし。

ここでめげる者には「飛躍」はやってきません。

劉備はお世辞にも「才能豊かな人物」とは言えませんでしたが、しかし、人物的魅力に加え、地道に努力を続けることができる「才」がありました。

「継続は天才に勝る。」

歴史を紐解いてみても、天才が必ずしも成功するとは限りません。

高い教育を受けた者が成功するとも限りません。

なぜか。

それは、たとえ天賦の才があっても教養と知識があっても、「チャンスをモノにする」ことができないためです。

しかし、根気強く努力を継続していれば、必ずチャンスが巡ってきます。

好機《カイロス》の神はすべての人に平等にやってくるのですから。

実績もない、無名の書生に頭を下げる

劉備は成果が上がらない中にあっても、めげずに人材発掘に尽力していたところ、ついに、ふとした経緯から「水鏡《すいきょう》」と名乗る御仁《ごじん》と知り合います。

そして、その人物から待ちに待った情報をついに手に入れました。

「貴殿が、臥龍《がりょう》・鳳雛《ほうすう》のいずれかひとりでも得られたならば、天下を手に入れることも容易《たやす》かろう」

――臥《ふ》せた龍に、鳳凰《ほうおう》の雛《ひな》！

して、その2人の名は⁉

今どこにおられるのです⁉

やっと見つけた「軍師」！

劉備ははやる気持ちを抑えきれず、在宅の確認もせぬまま、取るものも取りあえず「臥龍」の屋敷を訪ねます。

しかし、残念ながらこのときは留守でした。

そこで今度はきちんと在宅の確認を取ったうえで、耳がちぎれるような厳冬の吹雪の中を訪問しましたが、今回もすれ違いで対面できず。

年が明けて、暖かくなったところで三度目の訪問でようやく「臥龍」こと諸葛亮《しょかつりょう》※13に会うことができました。

このとき劉備はすでに46歳、客将とはいえすでに名の知れた将軍。

かたや諸葛亮はまだ26歳で何の実績もない、まったく無名の書生です。

社会通念上、こうしたときは目上の者が目下の者を呼びだすもの。

しかし劉備は敢えてそれをせず、自ら足を運んだのでした。

しかも三度も！

これが有名な「三顧《さんこ》の礼」※14ですが、これには関羽も張飛も不満をぶちまけたほど。

関羽「いくらなんでも兄者がそこまでする必要はござらん！」

張飛「俺が行って、野郎の首に麻縄くくりつけて引きずってきてやりまさァ！」

しかし。

欲しいものがすぐ目の前にあるのに、体裁《ていさい》だとか世間体などというつまらないものに囚《とら》われて取りそこねる――ということはよくあることです。

それがどうしても手に入れなければならないものであるときは、なりふり構わず、ただガムシャラに取りにいかなければなりません。

『なりふり構うな、手段は選べ。』

もちろん「手段を選ばずどんな汚い手を使ってもよい」わけではありませんが、劉備はそれをよく心得ていたのでしょう。

劉備にとって、これまでの苦労が報われるか報われないかの瀬戸際にあったわけで、体面や面子《メンツ》などにこだわっていられなかったのです。

こうして「水魚の交わり※15」を得たまさに直後、さきの博望坡の戦が始まったのです。間一髪でした。

もし、劉備がこの「不遇の7年間」を無為に過ごしていたら。

もし、劉備が人材収集の努力に少しでも手を抜いていたら。

もし、劉備が面子にこだわって「三顧の礼」をしていなかったら。

劉備はここ博望坡で散り、歴史に名をとどめることもなかったでしょう。

そして、劉備の飛躍は、まさにこの勝利から始まったのです。これを境として、同年（208年）の長坂《ちょうはん》の戦、赤壁の戦。その翌年（209年）には荊州牧、その5年後

（214年）には益州牧も兼ね、さらにその5年後（219年）には漢中王、その2年後（221年）にはついに帝位に即《つ》くことができたのです。すべては、新野城で過ごした「雌伏の7年間」、努力を怠らなかった結果が花開いたものでした。

今回は、ナポレオンと劉備を例に挙げましたが、この2人に限らず、歴史を紐解くと「大いなる飛躍」の前には、必ずと言っていいほど「逆境」「停滞」という不遇時代があるものです。

逆にいえば、こうした不遇時代に力を蓄えることができた者だけが、それを爆発させる機会が巡ってきたとき、「大いなる飛躍」を成し遂げることができるのです。

「逆境と飛躍は表裏一体。」

歴史はそう教えてくれます。

しかし、ほとんどの人には「逆境」はあっても、そのあとの「飛躍」が訪れません。

逆境だけが延々と続き、人生を悲観する人のなんと多いことでしょうか。

飛躍を掴むことができる者とできない者との違い。

それは、逆境に陥った際、落ち込み、「どうせ俺なんか」と腐り、努力をすることを怠るかどうかの違いだ、と歴史は教えてくれます。

「雪に耐えて梅花《ばいか》麗《うるわ》し。」

これは西郷隆盛の歌です。

——冬の雪と寒さを乗り越えてこそ、春になったとき、梅は美しい花を咲かせ、かぐわしい香りを放つことができるのだ。

冬がなければ、梅の花は咲きません。

厳しい「冬」の期間、腐ることなく、日々、今日できることを黙々と努力できた者だけが、やがてやってくる「春」を謳歌《おうか》することができるのです。

※1　字（あざな）は玄徳。中国では軽々に名を呼ぶことは嫌われたため、通称のような形で使われた名前を字という。
※2　これは『三國志』のうち『演義』での表現。『正史』では「自分の耳を見ることができた」とある。他にも「膝下まで届く腕」など、彼は異様な容姿を持つ者として描かれる。これは「聖人君子は異様な容姿をしているもの」という中国人特有の価値観のため。
※3　「牧」というのは、日本でいえば、複数の県を束ねた知事といった感じです。
※4　日本で言えば、首相相当。『三國志』で言えば曹操が就任した丞相相当。
※5　もっともこれは、劉備の出世が遅いというよりは、ナポレオンの出世スピードが速すぎると言ったほうが正しいでしょう。
※6　今の日本で喩えれば、チェーン店の「雇われ店長」といったところ。
※7　現在の中国湖北省一帯に位置する行政区。位置的に中国の真ん中あたり。
※8　楽聖ルートヴィッヒ・ベートーヴェンの言葉。
※9　官渡の戦など。
※10　劉備が天下の豪傑、関羽、張飛と兄弟の契りを結んだと言われる「桃園結義」が行われた23歳前後。
※11　髀肉とは「太腿についた贅肉」のこと。
※12　劉邦が漢を興すにあたり絶大な功があった人物。

※13 字は「孔明」。
ちなみにもうひとりの「鳳雛」とは龐統（士元）のこと。

※14 「正史に記されていない」という一点を以て「史実ではない」と主張する人もいますが、正史に「書かれていない」だけで「否定」されているわけでもないし、そもそも正史が正しいとは限らないし、その他諸々の状況証拠に鑑みても「三顧の礼」は史実だと思われます。

※15 切っても切り離せない親しい関係を表す言葉。もともとこのときの劉備と諸葛亮の2人の関係を表したもの。

第2章

天は自ら助く者を助く

――どんな絶望にあっても諦めない。
その者にのみ幸運の女神は微笑む。

「怠惰は人の心を蝕《むしば》む。」

前章では、「なかなか好機に恵まれず、くすぶっている人生の停滞期」にあって、歴史上の偉人たちはどのように考え、行動したかについて見てきました。

停滞期というのは、「幸運も訪れないが、災厄も襲ってこない」という状態ですから、ある程度ぼんやり日々を過ごしても、なんとなく生きていけます。

そうした生活は、「大志ある者」にとっては上がり目の見えない、歯がゆくつらい時期ですが、そうでない者にとっては「たいした努力をしなくてもすむ安穏《あんのん》とした心安らかな日々」であって、むしろまんざらでもなかったりします。

しかし、そこに大きな落とし穴があります。

ひとたびそうした怠惰な日々を過ごしたが最後、梅雨どきのパンに拡がる黴《かび》のように、怠惰は人の心を蝕み、気力を削《そ》ぎ、チャンスを見極める眼力をも奪い、その人の人生はじわじわと衰勢に向かっていくことになる、ということです。

本人も気がつかないうちに。

癌《がん》と同じで、本人が気づいたときにはもう手遅れということが多い。

そしてもうひとつの落とし穴。

それはそうした「ぬるま湯」状態の生活がずっと続くことはないということ。

大志ある者にもない者にも平等に、遠からずして「今の生活をすべて御破算にする災厄」がやってきます。

ただし、それは「幸運」を誘《いざな》って。

このとき人は、好む好まざるにかかわらず、望む望まざるにかかわらず、これに立ち向かわなければなりません。

しかし。

人の心は弱いものです。

大きな壁を前にすると、ついつい「逃げたい！」という誘惑が湧き起こってくるものですが、ひとたびこの誘惑に負けたが最後、そこから先には、逃げたときの試練以上につらい人生が待っていることになります。

そうはいっても、自分の力では到底倒せそうもない「巨大な壁」を前にしたらどうすればよいのか。

「神は越えられぬ壁を与え給わず。」

この言葉が客観的事実かどうかはさておき、「（そう信じて）壁に向かって突き進む！」ことができる者だけが、壁を越えることができるのです。

それは一見すると「コンクリートの塊でできた、強固で大きな壁」に見えながら、実際は段ボールでできた壁かもしれません。

壁が「コンクリート」なのか「段ボール」なのかは、体当たりしてみないとわからないのです。

――でも、それが本当に「コンクリートの強固な壁」だったら!?

――もしそうだったら、全力で体当たりなんかしたら、壁は無傷で、こっちが大怪我するだけじゃないか！

理屈ではそうです。

ところが不思議なことに、そうした状況になると、幸運の女神が微笑み、常識では考えられないような奇蹟と偶然が舞い込んで、理屈では決して壊れそうもない「強固なコンクリートの壁」がもろくも崩れ去っていくのです。

それでは本章では、歴史上の偉人たちが如何にして「壁」に対処し、これを乗り越えていったのかを具体的に見ていくことにいたしましょう。

03 ユスティニアヌス大帝

483-565

東ローマ帝国の皇帝。
帝国千年におよぶ歴史の中、
唯ひとり「大帝」と呼ばれる人物。

ヨーロッパにおいて、古代を代表する大帝国が「ローマ帝国（27B.C.-A.D.395）」とするなら、中世を代表する大帝国がそこから分かれた「東ローマ帝国[※1]（A.D.395-1453）」です。千年の歴史を誇るこの帝国の長い歴史の中でも、その絶頂期の皇帝こそがユスティニアヌス大帝です。

もちろん一口に「千年の歴史を誇る」[※2]とは言っても、その千年間ずっと安泰だったわけではありません。

山あり谷あり、帝国は幾度となく国家存亡の機に陥り、あるいは一時滅亡しながらも、そのたびに不死鳥の如く甦《よみがえ》り、人類史上でも屈指の長期政権となったのです。

その歴史を学ぶことで、苦難への対処の仕方を学ぶことができます。

その帝国最初の危機は、建国してまだ100年ほどしか経っていない532年に起きましたが、このときの皇帝こそ、ユスティニアヌス大帝です。

「何としても、帝国を建て直さん」

彼が即位したとき、すでに帝国はその屋台骨が揺らいでいました。

そもそも帝国成立の契機となったのはゲルマン民族の侵寇《しんこう》。[※3]

その混乱の中で古代ローマ帝国は自らの大身を支えられなくなり東西に分裂、さらに西の帝国は、そののち100年と保《も》たずに滅亡[※4]してしまいます。

こうして「西」はあっけなく亡《ほろ》んでしまいましたが、「東」も他人事《ひとごと》ではありませんでした。

ゲルマンの脅威に加え、東からはサーサーン朝[※5]の侵寇も加わり、内には叛乱が相次ぎ、混迷を窮《きわ》めていました。こんなときこそ宮廷がしっかりしなければならないのに、宮廷では利権争いに明け暮れ、政変《クーデタ》や陰謀が渦巻き、帝位が頻繁に代わる有様。

そうした混迷の中、ついには貧農上がりの将軍が帝位に即《つ》きます。

それがユスティニアヌス大帝の叔父に当たるユスティヌス1世です。

しかし、苦労人のユスティヌス1世は、即位時すでに68歳で子はなく、彼に子がないとなれば、彼の死後、再び宮廷が荒れることは目に見えています。

そこで彼は、姉の子を養子として後継者に据えます。

それこそが、本幕の主人公、ユスティニアヌス大帝[※6]です。

――何としても帝国を建て直さん！

叔父の死後、即位した彼は、ただちに行政改革・司法改革・徴税改革・教会改革・教育改革と、ありとあらゆる改革を一気に推し進めていきました[※7]。

やる気満々なのはけっこうなことでしたが、それが裏目に出てしまいます。

そもそも改革は必ず抵抗勢力を伴うものです。

改革によって「既得権」を奪われる者たちが現れるからです。

したがって改革を円滑に進めるためには、抵抗勢力がなるべく小さくなるように、

少しずつゆっくりと、長い時間をかけて漸進的に進めていかなければなりません。[※8]

「急《せ》いては事をし損ずる」とも言います。

急げば元も子もなくなる可能性がそれだけ高まりますが、とはいえ、ゆっくり行ったのでは、いつまで経ってもゴールは見えない。

その兼ね合いが難しいところですが、彼はあくまでも急進的に改革を進めました。

なんとなれば、彼には、

——古代ローマ帝国の旧領をすべて復興する！

——再び地中海を「我らが海《マーレノストルム》」に戻す！


……というとてつもない大望があったからです。

ユスティニアヌスが即位したとき、彼もすでに44歳。

この大望を達成するには、歳を取りすぎていました。

——チンタラした改革なんぞやっておったら、
　余の寿命が100年あっても足らぬわ！
　多少危ない橋を渡ることになろうとも急がねば！

確かにこれほどの大望ともなると、「ゆっくり」などと言っていたのでは成就しないかもしれません。

しかし――。

叛乱勃発！　押し寄せる叛徒

案の定、上は元老院議員から下は無産市民まで、幅広い反発を受け、ついに大きな叛乱となって爆発してしまいます。

それこそが、いわゆる「ニカの乱」[※9]（532年）です。

叛徒は宮殿に隣接していた競技場を占領し、改革の先頭に立つ蔵相ヨハネス・法相トリボニアヌスの罷免を要求。のみならず、勢いに乗じて皇帝ユスティニアヌスの退位まで要求し始めます。

彼らは、ヒュパティウス[※10]を新皇帝に擁立し、さらに町へ繰り出して総督の館を破壊するわ、聖ソフィア大聖堂に放火するわ、挙げ句の果てに宮殿に火を放つ者まで現れ、収拾のつかない混乱となっていきました。

「我々の勝利《ニカ》だ！」

「新皇帝即位万歳！」

「ヒュパティウス1世万歳！」

気勢をあげる叛徒たち。

事態は急速に悪化していき、暴徒の喚声《かんせい》と怒号が宮殿の奥にまで響く中、皇帝と側近たちが善後策を練っていました。

ベリサリオス将軍が叫びます。

「陛下！

叛徒どもなど恐るるに足りませんぞ！

あんな者ども、所詮は烏合《うごう》の衆。

やつらが担ぎ出した神輿《みこし》※11さえ捕らえてしまえば、たちまち乱は鎮《しず》まります！

すべてこの私めにお任せあれ！」

心強いベリサリオス将軍の言葉に、ユスティニアヌス1世も勇気づけられます。

――よし、そちに任せた！

「御意！」

事態の深刻さに、一時は亡命することまで考えていた彼にとって、颯爽《さっそう》と出撃していくベリサリオス将軍の後ろ姿は、さぞや頼もしく見えたことでしょう。

――頼むぞ、ベリサリオス！

帝国の存亡はそちにかかっておるのじゃ！

「帝位は最高の死装束《しにしょうぞく》なり」

しかし、将軍はすぐに戻ってきて、ユスティニアヌスに報告します。

「陛下！　失敗しました！」

最後の恃《たの》みの綱もあっけなく切れます。

ユスティニアヌスの心はここで折れ、天を仰ぎます。

――もはや万策尽きた！　余は亡命するぞ！

　ただちに全財産を船に積み込め！

亡命準備が着々と進む中、そこにひとりの女性が現れます。皇后テオドラ[※12]です。

彼女はユスティニアヌスに見初《みそ》められ皇后となる前は踊り子でした。

「踊り子」と言えば聞こえはいいですが、その名を借りた売春婦[※13]です。

しかし、社会の底辺で酸《す》いも苦いも辛いも甘いも存分に噛み分けてきただけに、彼女はなかなか肝の据わった女性でした。

狼狽《うろた》える皇帝に向かって彼女は言い放ちます。

「陛下！　よもや尻尾を巻いてお逃げになるつもりではありますまいな!?」

――おお、テオドラよ！

そちにも聞こえるだろう、あの叛徒どもの怒声が。

やつらがここになだれ込んでくれば、我々の肢体はバラバラにされるじゃろう！

もはや亡命するより他ないのじゃ！

この言葉に、テオドラは軽く嘆息《たんそく》して答えます。

「陛下。何を情けないことをおっしゃいます？

今ならまだ、逃げようと思えば、それは逃げられるでしょうとも。

しかしながら陛下、よくお考えください。

陛下はこの先、あと何年生きるおつもりですか？

今逃げて、よしんば助かったとして、どんな余生が待っているとお思いか。

栄誉もない、誇りもない、亡命者としての惨めな余生が待っているだけです。

そんな余生がそれほど大切なものですか？

昔から言うではありませんか、『帝衣は最高の死装束なり』と。

ひとたび男子としてこの世に生を享け、皇帝として生を全うできる者がいったいどれだけいるとお思いですか？

陛下は今まさに〝帝衣を纏《まと》って死ぬ〟という男子として最高の本懐《ほんかい》を神から授かろうとしているのですよ？

戦いなさい！　最期まで戦って皇帝として死になさい！」
このときユスティニアヌス帝49歳、テオドラ32歳。
これを側《そば》で聞いていたベリサリオス将軍も帝の背中を押します。
「陛下！
男として生を享け、女御《おなご》にここまで言われて引き下がるわけにもいきますまい！」
気弱になっていたユスティニアヌスの目にも輝きが戻ります。
――うむ、そのとおりだ！
よくぞ申した、テオドラ！
よくぞ申した、ベリサリオス！
余も腹をくくったぞ！

「追いつめられたら腹をくくる。」

窮地に陥ったとき、大きな災難に襲われたとき。
人はどうしても気弱になるものです。

しかし、心が逃げてしまえば、もはやその時点で「詰んだ」といってよい。

こういうときにまず最初にすべきこと。

対策を考えるよりも何よりも先にするべきことが「腹をくくる」ことです。[※14]

腹をくくった瞬間、人は自分でも驚くほど冷静になることができ、今まで気がつかなかったアイディアを思いついたり、大胆な行動が自然にできるものです。

そして、それが「暗闇の中の一条の光」となって、一気に事態が打開できてしまうことがあります。

なりふり構わず、逆らう者は皆殺し

このときもそうでした。

ベリサリオス将軍が叫びます。

「陛下！　私がもう一度、あの民衆の中に突撃いたします！」

しかしながら、それは先ほど失敗したばかり。

同じことをしたところで、その二の舞とならないでしょうか？

実は、さきほどの突入が失敗したのは、僭帝《せんてい》[※15]の取り巻きたちに阻《はば》まれたからです。

「市民に危害を加えたくない」

「なるべく穏便に事をすませたい」

そのような体裁にこだわったための失敗[※16]でした。

しかし今回は違います。

そんな体裁はかなぐり棄て、なりふり構わず、逆らう者は皆殺しにする勢いで軍を突入させます。

すると、先ほどまでの傲然《ごうぜん》とした態度はどこへやら、軍の覚悟を見た叛徒たちの中にたちまち動揺が走り、彼らは算を乱して逃げ出していったのです。

僭帝ヒュパティウスはあっけなく捕縛。

こうして一時は帝国を存亡の機にまで陥らせた叛乱は、他愛もなく簡単に鎮圧できてしまったのでした。

心の制御装置《リミッター》を外す

叛乱軍の一時の勢いに、宮廷側も「叛徒らもそれ相応の覚悟を以《もっ》て臨んでいるもの」「下手すると、こっちが大怪我するかも」と思い込んで、気後れしてしまっていました。

ベリサリオス将軍の第一次突撃の失敗もそこにあります。

しかし、腹をくくって挑んでみれば、叛徒らに「ヒュパティウスのために命を賭けて戦う」などという覚悟はなく、ただ群集心理※17で騒いでいただけだったのです。

――大山鳴動、鼠一匹。

「強固に見える「壁」も意外に脆《もろ》い。」

人は「壁」に遭遇したとき、それを実物以上に高く分厚く感じてしまうことが多いものです。

これは戦う前から心が萎えてしまっているためで、そうなると人は無意識のうちに心に制御装置をかけてしまい、本人は全力を尽くしているつもりでも、実は力を出し切れていないのです。

こうしたとき、「腹をくくる」「開き直る」ことで、リミッターを外すことができます。

「名君の陰に賢妻あり。」

歴史上、「名君」と呼ばれる君主の陰には、必ず優れた相談役がいるものです。豊臣秀吉に黒田官兵衛あり。高祖劉邦に張良あり。

そして、ユスティニアヌスにテオドラあり。

千年を誇る東ローマ帝国の悠久の歴史の中で、唯一「大帝」の称号をもつユスティニアヌス1世ですが、その彼とて、このときの妻の「ひと言」がなかったら、このとき亡命し、歴史に埋没し、後世、誰にも知られることのない人物となっていたでしょう。

逆に、ほどなく帝国は「西」のあとを追って滅亡し、「帝国を滅亡に追い込んだ無能皇帝」として有名になっていたかもしれませんが。

どれほど優れた人物であろうと、自分ひとりの独断のみでは「名君」たりえません。

巷間、妻の助言と支えで出世しながらその自覚なく、己《おの》がひとりの才覚と勘違いして若い女に走る者はあとを絶ちませんが、若い女に糟糠《そうこう》の妻が担《にな》ってきた重責が果たせるわけもなく、その先、そうした男に待っているのは「没落」の二文字です。

※1　別名「ビザンツ帝国」。特に7世紀を境としてそれ以前を「東ローマ帝国」それ以降を「ビザンツ帝国」と呼んで区別することがあります。

※2　国家の平均寿命はだいたい200年ほど。100年なら短期政権、300年続けば長期政権です。こうしてみると、1000年という数字が如何にずば抜けた数字かがわかります。

※3　西暦375年ごろから始まり、約2世紀にわたって猛威を揮いました。

※4　ゲルマン侵寇の20年後に東西分裂、さらにその80年後に西ローマ帝国滅亡。

※5　3世紀前半から7世紀半ばまで、4世紀以上の永きにわたって西アジアに君臨したペルシア人の帝国。

※6　そもそも「ユスティニアヌス」という名が「ユスティヌスの子」という意味です。

※7　日本でいえば「明治維新」を彷彿とさせるような大改革でした。

※8　ピューリタン革命、フランス革命、ロシア革命などの例を挙げるまでもなく、急進的な改革は多くの血を流す上、ロクな結果を生みません。

※9　「ニカ」というのは、叛徒がスローガンにしていた言葉で、ギリシア語の「勝利」という意味です。

※10　前王朝の皇帝アナスタシウス1世の甥。

※11　ヒュパティウスのこと。

※12　政治にも口をはさむ女傑であったため、後世の歴史家の中には、彼女のことを「女帝」と呼ぶ者が現れるほどでした。

※13 史書にはっきりと「売春婦」と書かれているわけではありませんが、テオドラに辛辣な史家プロコピオスは「口にすることすらはばかられる商売」と表現していますから、これが売春のことを指していると考えられています。

※14 兵法としては「背水の陣」がこれに相当します。これは兵らに無理やり腹をくくらせるものですが。

※15 叛徒に祭りあげられたヒュパティウスのこと。

※16 窮時にあっては、体裁や面子などにこだわってはいけないということは、すでに「劉備」のところでも学びました。

※17 人がたくさん集まると、そこに集まった人々の意志を乗り越えて、異常に盛り上がってしまうことがありますが、これを集団心理とか群集心理とか呼びます。それが昂じると「集団ヒステリー」に発展することもあります。

04 東郷 平八郎

1848-1934

「東洋のネルソン」と呼ばれる旧日本海軍の提督。
日露戦争時、連合艦隊司令長官として活躍。
その死後も「神」として祀られた人物。

ヨーロッパにおいて「提督」と言ったら、何と言ってもH《ホレーショ》・ネルソン[※1]。陸においては無敵を誇ったナポレオンを、終始、海において悩ませ続けたイギリスの名提督です。

そして、この日本で「提督」と言って第一に挙げられる人物が本幕の主人公である東郷平八郎です。

大日本帝国の存亡を賭けた大戦《おおいくさ》・日露戦争においては、連合艦隊司令長官を務め、当時世界屈指の艦隊であったバルチック艦隊[※2]を破ってその勝利に大きく貢献。

そこから、後世「東洋のネルソン」「陸の乃木《のぎ》、海の東郷」と称されている人物ですから、どうしてもその印象が先行して、「エリート提督」「不敗の提督」と思われがちですが、実はそうでもありません。

そこで彼の経歴をたどってみましょう。

リストラ寸前の老提督

16歳のとき、薩英戦争で初陣を果たし、21歳で戊辰《ぼしん》戦争を経験したものの、その後、大きな戦役もなかったため、たいした軍功を上げることもできず、年月だけが過ぎていきました。

そんな彼が46歳になった年、帝国海軍に激震が走ります。

当時の帝国海軍には、近代海軍の知識もないのに「御一新[※3]の功労者」というだけで幅を利かせる無能将官がたくさんおり、これが海軍の障害となっていました。

これに懸念を覚えていた山本権兵衛《ごんのひょうえ》（海軍大臣官房主事）が、来るべき日清戦争に備え、海軍の大リストラを挙行したのです。

そのリストラ対象たるや、将官８名、尉佐官89名、計97名という、世界にも類を見ない大刷新。

しかも、そのリストラ名簿には「東郷平八郎」の名も入っていたと言われ[※4]、ここからも東郷が周りからあまり期待されていない軍人だったことがわかります。

なんとか首の皮一枚で残った東郷は、翌年勃発した日清戦争で巡洋艦「浪速《なにわ》」の艦長として、豊島《ブンド》沖海戦、黄海海戦、威海衛海戦と一線で活躍します。

しかし、せっかく活躍の場を得たと思ったら、そのときの激務が祟《たた》ったのか、戦後病に臥して休職。

のちに復職を果たしたものの、東郷は周りの人間におべっかを使ったり根回しができる性格ではなかったため[※5]、閑職[※6]に追いやられ、鬱々《うつうつ》とした日々を送ることになりました。

このとき東郷平八郎、55歳。

すでに老境にさしかかり、このまま閑職から予備役へと廻されるもの……と誰もが思いました。

突然の大抜擢。その理由は？

ところが、そんなある日。

突然、東郷は海軍大臣となっていた山本権兵衛に呼び出されます。

——連合艦隊司令長官に任ず。

たいした実績もなく、すでに閑職にある老将が連合艦隊司令長官！

「禍福は青天の霹靂《へきれき》の如く。」

幸運も災厄も、やってくるときは突然です。

この人事には、東郷自身が驚いたことでしょう。

禍福がいつやってくるかは誰にもわかりませんから、それが幸運にしろ災厄にしろ、どちらがいつやってきてもいいように「準備」を怠らないこと。

それができる者だけが、幸運ならばそれを摑み、災厄ならばそれを退けることができるのです。

　東郷平八郎が、この重責を見事果たすことができたのも、日頃のたゆまぬ努力の賜《たまもの》でしょう。とはいえ、今回のあまりにも意外な人事に、明治天皇が事の真意を問い質《ただ》したほどです。

「朕《ちん》※7はあくまでもそちを信頼しておるが、中には東郷を不安視する者も多いようだが？」

　山本は答えます。

――東郷は運のよい男ですので。

大抜擢の理由が、言うに事欠いて「運がいい男だから」。

一聴すると、たいへんいい加減な理由と受け取られがちですが、のちにこの言葉は深い意味を持つことになります。

誰がどう考えても「不可能」

　さて。

日露戦争が勃発すると、開戦当初は軽視されていた旅順が戦略上たいへん重要な意味を持つことがわかってきます。

そして、戦争が続くうち、戦略上、旅順に停泊していたロシア艦隊が浦塩《ウラジヴォストーク》に入港してしまったら、この戦争は負け戦となる情勢となってきました。[※8]

そこで、露帝ニコライ2世が勅令を下します。

――旅順艦隊はただちに出港し、ウラジヴォストークに入港せよ。

こうして、旅順港から出てきたロシア艦隊と日本連合艦隊が激突することになります。

いわゆる「黄海海戦」です。

東郷司令長官は、このときに備え、「その知謀、湧くが如し」と評価の高かった秋山真之《さねゆき》[※9]を参謀に据え、対策を考えていました。

「丁《てい》字戦法」

秋山参謀が旅順艦隊を討つべく、研究に研究を重ね、練りに練った作戦です。

ところがこのとき、丁字戦法の陣形にこだわりすぎたために、のちに「不可解な艦隊運動」と酷評される動きを取ってしまい、旅順艦隊に逃げられてしまいます。[※10]

気がついたときにはすでに旅順艦隊は大洋の彼方。

当時、連合艦隊は全速で15ノット半、旅順艦隊が14ノット。

連合艦隊のほうがわずかにスピードが速いとはいえ、このとき日没まであと4時間しか残されていませんでした。

レーダーもないこの時代、ひとたび日没してしまえば、海は漆黒の闇に包まれ、敵艦がすぐ隣にいても気がつかない状態になります[※11]。

日没する前に、敵に追いつくことすら絶望的なのに、そのうえ撃滅まで完了させなければなりませんが、そのために残された時間はたったの4時間。

そんなこと、誰がどう考えても「不可能」でした。

絶望の中での決断

事ここに至っては、すべての努力は徒労。無駄。無意味。

誰もがそう思いました。

——余の辞書に不可能の文字なし[※12]！

そう豪語したナポレオンがこの場にいたとしても、天を仰いでセントヘレナに送られることを覚悟したはず。

しかし、ここで旅順艦隊を取り逃すことは、そのまま日露戦争全体の敗北を意味し、それは日本の滅亡を意味しました。

あまりの事の重大さに、その場にいた誰しも心が押し潰されそうになります。

ましてや最高司令官である東郷平八郎の心中や如何ばかりか。

絶望感に包まれた「三笠」艦上で、東郷艦長は閑《しず》かに命令します。

「全速前進！　敵艦隊を追え！」

え？　この状態で敵艦を追う？

追ってどうする？　追いつけるわけもないのに？

――し、しかし提督！　もはや……。

「……追え」


「できる事もできぬと思えばできぬ。できぬ事もできると思えばできる。」


事が成就するのか、しないのか!?

そんなことは神しか知り得ません。

小人は己の浅知恵で推定し、勝手に「失敗」という答えを導き出して、やってみもしないで諦めてしまう。

こうした人に「幸運の女神」が微笑むことは決してありません。

東郷平八郎は、ここで諦めることなく追跡を命じました。

まだ何があるかわかるものか！

しかし、さらなる追い打ちが。

――提督！　大檣《たいしょう》※13が折れそうです！

実は、先の旅順艦隊との接触時、大檣の根本に被弾し、メシメシと今にも折れそうな悲鳴をあげていました。

これが折れたが最後、速度が大幅にダウンし、いよいよ追跡は不可能となります。

――このまま全速で飛ばせば大檣が折れます！

提督！　速度を落としましょう！

これに対して東郷の答えはひと言。

「ならぬ。このまま全速前進！」

ここで速度を落とせば、どうせ追いつけません。
大橋が折れてもおしまいです。
こうした絶望的な状態で3時間ほどが過ぎ、いよいよ陽が傾き始めます。
——日没が近い……。
やはり駄目だったか……。
ところが、そのとき！
水平線に旅順艦隊を認めます。
——提督!!
敵艦です！　旅順艦隊に追いつきました！
艦内は歓声に沸き返りました。

「諦めない者にのみ女神は微笑む。」

でも、どうして!?
どうして追いつくことができたのでしょうか??

じつは、逃げる旅順艦隊も必死。

なにせ、艦《ふね》の最高速度は自分たちのほうが遅いのですから。

こうしてエンジン全開で飛ばし続けた結果、2番艦「レトウィザン」がエンジントラブルを起こしてしまっていたのです。

旅順艦隊旗艦艦長イワノフには「レトウィザンを見棄てて自分たちだけでウラジオに逃げる」という選択肢[※14]もありましたが、彼はそれを潔しとしない人物でした。

まさに「奇蹟」は起こりました。

もし、東郷が「どうせもう追いつけん」と追跡を諦めてしまっていたら、手に入れることができなかった幸運です。

まさに、「幸運の女神は諦めない者にのみ微笑む」「天は自ら助く者を助く」とはよく言ったものです。

歴史を変えた「運命の一弾」

しかし、まだこれで終わったわけではありません。

追いついたはいいが、もう時間がない。

日没まであとわずか。

その短い時間で、旅順艦隊を撃滅しなければならないのです。

こたびの海戦、戦略上、※15日本に突きつけられた勝利条件は「完勝」です。

引き分けなど論外、優勢勝ちすら許されません。

しかも、つい3時間ほど前、このときのために練りに練った秘策「丁字戦法」が通用しないと判明したばかりです。

当時の戦艦の大砲というものは、「狙って当たる」という代物ではありません。何十発、何百発撃とうが、あの巨大な艦体にかすりもしない、などザラでした。

本当に驚くほど命中率が低かったのです。※16
そしてたとえ敵艦に命中したとしても、分厚い装甲に当たったのでは、1発や2発では沈みません。

そのため、海戦というものは決着がつくのに時間がかかるのが常識でした。

もう時間がない！

頼るべき戦術もない！

そのうえ要求されているのは完全勝利！

せっかく追いついたというのに、まだ希望の光は見えてきませんでした。

「幸運がさらなる幸運を呼ぶ。」

しかし、ここでまたしても「奇蹟」が起こります。

開戦まもなく、「運命の一弾」と呼ばれる1発が、旗艦「ツェサレーヴィチ」の司令室に命中したのです。

常識では考えられないほどの奇蹟的な確率ですが、これにより旗艦司令部の人間が一瞬にして消し飛んでしまいます。

いえ！　まだこのときには、艦長イワノフだけが虫の息ながら生きていました。

旗艦は全艦の司令塔です。

その旗艦がその機能を失ったとあらば、ただちに「旗艦権委譲信号」を2番艦に送らなければなりません。

さもなくば、艦隊全体が迷走してしまいます。

ところが、イワノフが信号を送ろうとしたまさにその瞬間！

そこにもう1発「運命の一弾」が司令室に飛び込み[※17]、これにより旗艦の司令室は完全に消滅してしまいました。

しかも、そのことに2番艦以下の後続艦がまったく気づいていないという、常識では考えられないような状況が生まれたのです。

これだけでも充分「奇蹟」ですが、さらに「これでもか！」というほど奇蹟は続きます。

このとき操舵手が舵輪《だりん》を左に巻き込んでしまったため、旗艦「ツェサレーヴィチ」は突然大きく回頭し始めたのです。

これを見た2番艦は狼狽。

「なぜだ!?

なぜ旗艦《ツェサレーヴィチ》はこの戦況で取舵《とりかじ》を取る!?」

――わかりません!!

しかし、我々は旗艦に従うのが軍規です！

「むむ、仕方ない、我々も取舵！」

まさか、すでに旗艦の司令室が消滅しているなんて想像すらつかず、2番艦以下も旗艦に続くことに。

そうなると、旅順艦隊の陣形はたちまちウロボロス状態※18となり、旗艦が後尾艦に突っ込んでいく形となり、艦隊は大混乱！
旅順艦隊は、まさに「鉈《なた》で頭を落とされた蛇」のような様相となり、これに集中砲火を浴びせることで連合艦隊は大勝利を得たのです[※19]。まさに、奇蹟と偶然とまぐれと幸運と神助と天佑《てんゆう》が重なった形で勝利できたのでした。

勝って兜《かぶと》の緒《お》を締めよ

あまりの奇蹟、奇蹟、奇蹟の連続に、戦後、佐藤鉄太郎[※20]と梨羽時起《なしはときおき》[※21]が以下のような会話を交わしています。

梨羽「佐藤。我が国が勝てたのは何故であろうな？」
佐藤「六分通り運でしょうな」
梨羽「確かにそうじゃ。本当に運がよかった。
　それは私も強く感じる。
　しかし、問題は残りの四分じゃ！
　そこのところのおぬしの存念が聞きたい」

佐藤「残りの四分も運ですな」
梨羽「待て、佐藤。六分も運、四分も運では、全部運ではないか！」
佐藤「はい。しかし、最初の六分は天から授かった運。
残りの四分は日本人が死ぬような血みどろの努力を重ねて自らの手で掴み取った運です！」

『幸運は四つ葉のクローバー。』

四つ葉のクローバーはなかなか見つかりません。※22
でも、手の届くところに必ずあります。

探せば見つかりますが、探さなければ見つかりません。

幸運もこれによく似ています。

なかなか目に見えるところにはありませんが、少し手を伸ばせば、届くところにはごろごろ転がっているものです。

多くの人は、探しもしないで努力もしないで「どうせ駄目だ」と諦める。

これが多くの人に幸運が訪れない大きな理由です。

ただ、不幸と幸運は1枚のカードの表と裏のようなものです。

「幸運は不幸の陰に隠れてやってくる」と申しますが、その逆も然り。

不幸もまた幸運の陰に隠れてやってきます。

そのことを憂慮した東郷平八郎は、戦後、連合艦隊の解散式においてこう述べています。

――勝って兜の緒を締めよ！

しかし、彼の言葉は日本人の心には届きませんでした。

「日本は神国である！」

「あのロシアにすら勝てたのだ！

神国日本がどんな大国相手だろうが敗けるはずがない！」

日露戦争はまさに奇蹟の連続でした。

その幸運こそが、やがて日本が太平洋戦争への道を突き進んでいく大きなきっかけとなっていったのです。

※1　隻眼隻腕の名提督。アブキール湾、トラファルガーでフランス艦隊を破り、ナポレオンの頭痛のタネとなっています。
※2　ロマノフ朝ロシア帝国がバルト海に構えていた大艦隊。日本連合艦隊が抱える戦艦4隻に対し、それに倍する8隻もの戦艦を擁していました。
※3　明治維新のこと。
※4　ギリギリの段階でリストラ対象から外されたと言われています。
※5　ひとつのポストが空けば、そこはすぐに他の誰かによって埋められます。戻ってきたときに同等のポストに就くためには、どうしても「根回し」をしておかなければなりませんが、寡黙で実直な東郷平八郎にはそうしたことができませんでした。
※6　舞鶴鎮守府の初代司令長官。これを「閑職」と見做すかどうかは解釈にも依りますが、少なくとも東郷本人はそう認識していたようです。
※7　天皇の自称。「私」。
※8　このあたりの詳細は本書では割愛します。詳細が知りたい方は拙著『世界史劇場　日清・日露戦争はこうして起こった』（ベレ出版）をご参照ください。
※9　このとき秋山、脂の乗りきった37歳。司馬遼太郎の『坂の上の雲』の主人公としてもとみに有名です。
※10　このとき初めて「丁字戦法は戦意のない敵には通用しない」ということが判明します。
※11　消灯していれば、ですが。

※12　これについては、「表現が違う」「そもそもそんなこと言っていない」「言ったが誤訳だ」などなど諸説あります。

※13　艦のメインマストのこと。

※14　もしその選択肢を選ばれていたら、日本は滅亡していたでしょう。しかし、イワノフは言いました。「仲間を見棄てることなど、私にはできぬ！」

※15　戦略と戦術の違いについては、本書第4章を参照のこと。

※16　よく「敵艦の分厚い装甲に当てるんじゃなくて、司令室にブチ込んでやれば一発なのに」と言われることがありますが、敵艦隊の大きな横っ腹に当てることすら至難なのに、ましてや「点」のような司令室に命中させるなど、常識的に考えて、まったく不可能でした。

※17　つまり「運命の一弾」は2発あったということになります。

※18　自分の尻尾に噛みついて輪の状態になっている蛇の図案。

※19　ノヴィークが座礁、ツェサレーヴィチ、アスコリド、ディアーナは武装解除、その他の艦は旅順に逃げ帰ることには成功したものの、もはや修理もできないほどの損傷を受けて二度と出撃できない状態となっていました。

※20　日露戦争時、海軍中佐、第二艦隊参謀。

※21　日露戦争時、海軍少将、第一戦隊司令官。

※22　四つ葉のクローバーの発現確率は1万分の1ほど。

第3章

百戦百勝は善の善なる者に非ず

——勝てば勝つほど敗北へと近づいてゆく。
強い者ほど弱く、弱い者ほど強い。

連戦連勝！　百戦百勝！

見た目に華々しく、勢いも感じ、士気も上がる。人々から賞賛され、勝った本人も気分がいい。いいことずくめのように思えます。

しかし、中国の兵法家・孫子はこれを戒めます。曰く、

「凡《およ》そ用兵の法は、国を全うするを上と為し、国を破るはこれに次ぐ。百戦百勝は善の善なる者に非ざるなり。戦わずして人の兵を屈するは善の善なる者なり」

つまり、

――「戦って勝つ」など、どうしてもそうしなければならない状態に追い込まれたときの「最後の手段」にすぎない。常に、如何にして「戦わずして勝つ」かに腐心する。それこそが名将である。

という意味です。

百戦百勝を否定的に捉えることに違和感があるかもしれませんが、歴史を学んでいくと、この言葉がまったく真理であることを悟ることができます。

「試合に勝って、勝負に負ける。」

強い者、賢い者、優れた者。

そういう人ほど、勝つことに歓びを感じ、すぐに勝負をしたがるものです。

しかし、目先の小さな勝負に勝てば勝つほど、全体ではどんどん負けに近づいていく。

老子に曰く、

「善く士たる者は武ならず。善く敵に勝つ者は与《あらそ》わず」。

本当に優れた者はむやみに武に頼ろうとはしないし、

強い者ほど極力戦わないものだ、という意味です。

本章では、そうしたことを歴史上の事実から学んでいくことにします。

05 韓信

c.230B.C.-196B.C.

秦末漢初、劉邦に仕えた武将。
蕭《しょう》何《か》・張良と並ぶ三傑に数えられ、
蕭何に「国士無双」と絶賛された英傑。

——分かれて久しければ必ず合《ごう》し、
合して久しければ必ず分かる。

『三國志演義』の中で羅貫中《らかんちゅう》も看破しているように、春秋時代（770B.C.-403B.C.）、戦国時代[※1]（403B.C.-221B.C.）と500年以上の永きにわたって戦乱を繰り広げていた中国もようやく統一に向かい始めたころ、本幕の主人公、韓信は生まれました。

彼が少年時代、秦の始皇帝によっていったん天下は統一されたものの、すぐに乱れ、再び諸王が濫立《らんりつ》する時代に逆戻り。

そうした中で抬頭《たいとう》してきたのが、あの項羽と劉邦です。

一介の兵士から、大将軍へ

韓信はずば抜けて才能あふれる人物でしたが、身分は低く、コネもなければツテもなく、そして何の実績もない若造でしたから、なかなか芽が出ません。

彼のような身の上の場合、自分の才を見出し、引き上げてくれる人を見つけなければなりません。

そのために彼は初め、諸王の中でも随一だった項羽に仕えてみたものの、彼の献策[※2]は一向に取り上げてもらえません。

項羽は自身が万夫不当《ばんぷふとう》の猛将であったこともあって、自信過剰で傲慢《ごうまん》なところがあり、家臣の意見にもあまり耳を貸さないタイプ[※3]だったためです。

優れた軍師・范増《はんぞう》の意見すら聞かないことも多い彼が、名もない雑兵の献策などに耳を貸すはずもありません。

そこで韓信はほどなく項羽を見限り、今度は彼のライバル劉邦の下に走ります。

劉邦は、自身が政治も戦《いくさ》も不得手だったこともあって、家臣の意見を尊重するとの噂を耳にしたからです。

ところが、実際に劉邦の下に駆けつけてみると、やはり名もなき若造の韓信には「連敖《れんごう》」※4というつまらぬ役しか与えられず、鬱々とした日々を過ごします。

しかし、ある事件※5がきっかけで、夏侯嬰《えい》の目に留まり、丞相蕭何に紹介されることになりました。

蕭何はただちに韓信の才を見抜き、劉邦に取り立てるよう進言します。

これでようやく韓信の人生にも光が射し込んだか……に思われましたが、肝心の劉邦が「どこの馬の骨ともわからぬ若造」を取り立てることに乗り気でなく、とりあえず「治粟都尉《ちぞくとい》」※6ということでお茶を濁そうとします。

韓信は、お上《かみ》がまだ自分の才を知らないうちに自分を雑兵扱いするのはある程度仕方がないと思っていましたが、目に留まったにもかかわらず、たかが「治粟都尉」にされたのは我慢なりません。

――そうか。劉邦の私に対する評価がこれか。

これでは項羽と変わらぬ。ならば、私はここにも用はない。

韓信はまもなく漢を棄て出奔[※7]します。

『成功の対義語は〝失敗〟に非ず。』

巷間、よく勘違いされているのが、「成功の対義語は失敗」だというものです。

小学校のテストならそれでよいでしょうが、人生のテストならバツです。[※8]

「失敗は成功のもと」という格言があるほど、失敗は成功の反対どころか「成功の一部」と考えてもよいほどです。

成功するためには失敗が必須条件。

人生は失敗から始まります。

失敗こそが成功への一里塚。

では、成功の対義語は何か。

それは「行動を起こさぬこと」。

行動を起こさなければ、成功できないどころか、失敗すらできません。

歴史を紐解くと、「成功者」は必ず「行動力を伴う」ものです。※9

思い立ったらすぐ行動！

ときに、それが暴走気味になって失敗に至ることもありますが、しかし、それも「成功」の道標です。

このときの韓信も、「自分を認めてくれない」と悟ると、ただちに行動に出たのでした。

韓信の出奔を知った蕭何は驚き、ただちに韓信を追いかけて関を出ます。

すると今度は、蕭何まで出奔したと勘違いした劉邦が仰天！

韓信を説得して戻ってきた蕭何を劉邦は叱責します。

――お前のような者がなぜ余を見棄てて逃げ出したのじゃ!?

「逃げたのではございませぬ。韓信を呼び戻すため、彼を追いかけたのです。

彼は『国士無双』※10ですぞ！　彼なくして天下は望めませぬ！」

こうしてようやく韓信は「治粟都尉」から「大将軍」に任ぜられることになったのでした。

もし彼が「行動力のない人物」だったら。

認められない日々が続いても「行動」に移すことなく、漫然と日々を過ごしていたら。

せっかくの「国士無双」も宝の持ち腐れ。

いつまで経っても誰もその才に気づいてくれることなく、歴史の中に埋没し朽ち果てていったことでしょう。

連戦連勝！　しかし……

ところで、このころの劉邦は項羽によって辺境[※11]に左遷され、その勢力を衰えさせていましたが、国士無双・韓信を得たことで勢いを盛り返し、一気に関を出るや、その北を塞いでいた「三秦[※12]」——雍《よう》王（章邯《しょうかん》）・塞《さい》王（司馬欣《しばきん》）・翟《てき》王（董翳《とうえい》）を次々攻め陥としていきます。

韓信の采配がことごとく当たり、まさに連戦連勝！

この勢いを目《ま》の当たりにし、項羽の処遇に不満を持っていた諸王が次々と漢軍に加わり、あれよあれよという間に、56万もの津波の如き大軍となって、項羽の拠点・彭《ほう》城《じょう》に傾《なだ》れ込むことに。

当時、項羽は斉に出兵中で、彭城は留守。

まさに〝鬼の居ぬ間に〟彭城はあえなく陥落し、誰もが「もはや天下統一は近い」と思っていました。

韓信以外は。

『積木の塔は一番高きで崩れる。』

積木の塔をどんどんどんどん高く積んでいくと、その巨塔を前にして、見る人はこれに圧倒されるものです。

しかし、積木の塔は高ければ高いほど不安定であり、鼻息程度で倒壊する殆《あや》うさを孕《はら》んでいるものですが、見た目の偉容に目を奪われて、人はなかなかそこに気づけません。

このときの漢軍も、短期間のうちに56万もの大軍となったため、その偉容を前にしてはやくも劉邦は勝ちを確信してしまいます。しかし、内情はといえば、驕《おご》りが軍全体に蔓延し、気はゆるみ、軍規の乱れた烏合の衆にすぎません。

韓信はこの危機的状況をすぐさま劉邦に進言しますが、すでに慢心に侵されていた劉邦には聞き入れてもらえません。

「これは危ないかもしれん……」

韓信の不安は的中。

彭城陥落の報を聞いた項羽は激怒！

——おのれ、劉邦！

　余の留守を狙いおって！

項羽はわずか3万の手勢を引き連れて斉から転進！

彭城で戦勝気分に酔い、軍規の乱れきった漢連合軍に襲いかかります。

56万もの大軍はあっという間に大混乱に陥り、たちまち潰滅[※13]。

漢連合軍は、20万も損害を出しながら後退し続け、なんとか滎陽《けいよう》[※14]でその崩壊を食い止めたものの、この歴史上稀《まれ》に見る敗退ぶりに、同盟を結んでいた国々も一斉に漢から離反していきます。

なんとか崩壊を食い止めたとはいっても、依然として危機的な情勢でした。

こうした情勢の中、劉邦は韓信を呼び出します。

——韓信よ、すまぬ。

　そちの忠告したとおりになったな。

今回の敗戦により、魏・代・趙が我々に背いた。

別動隊を与えるから、ただちに出撃してくれ。

東の楚と睨《にら》み合う中で、今このタイミングでこの三国（魏・代・趙）が楚と結んで北から攻めてきたら、漢はおしまいです。

こうして韓信は北伐を開始するや、またしてもその本領を発揮し、まずは10万もの軍を擁する魏をあっさりと破り[※15]、次に代《だい》を平定、連戦連勝しながらさらに趙へと軍を進めます。

敗軍の将に頭を下げた理由

しかし、趙は魏や代のようにはいきません。

趙は20万もの軍を擁している上、賢人で名高い軍師李左車《りさしゃ》がいます。

それに引きかえ、韓信軍はこのときわずか3万。

常識的に考えて、とてもひっくり返せる兵力差ではありません。

しかしここでも、韓信はあの有名な「背水の陣」を用い、わずか半日でこれを破ってしまいます[※16]。

まさに連戦連勝。韓信の前に、向かうところ敵なし。

この勢いをそのままに一気に燕・斉へと軍を進めるのかと、誰もが思いました。

『連戦連勝は敗北への一里塚。』

ところが。

さすが韓信、思うところがあったのか、なぜかただちに軍を動かすことなく、趙王歇《あつ》、宰相陳余《ちんよ》を処刑したあと、捕縛されていた趙の軍師・李左車を連れてこさせます。

「趙王、陳余殿に続いて、ついに私の番か……」

李左車も死を覚悟して韓信の前に赴くと、なぜか縄を解かれ、上座に座らされます。

「これは何の戯《ざ》れ事ですかな？」

戸惑う李左車に、韓信は頭を下げました。

――先生！

私はこれから燕と斉を討たねばなりませぬが、その方策について、どうかご教示をお願いします！

韓信といえば、歴史にその名を刻むほどの名将中の名将です。

その韓信が、たった今討ち滅ぼした敗将に頭を下げて教えを請うとはどうしたことでしょうか。

それは韓信が「戦術」においては右に出る者はなくとも、こと「戦略[※17]」に関しては今ひとつ疎かったためです。

『聞くは一時、聞かぬは一生の恥。』

人は、ひとたび高い地位に立ってしまったり、歳を食《は》んだり、ひとつの才能に恵まれていたりすると、その誇りが邪魔をするのか、侮られまいという気持ちが働くのか、なかなか若輩や部下に教えを請うことができないものです。

しかし、人はすべてにおいて万能であることはありえません。

どんな優れた人物であっても、どこかしら劣った部分はあります。

それを素直に認め、優れた人物に頭を下げて教えを請うことができるかどうか。

そこが人間の「器」「度量」の分かれ道です。

韓信には、それがためらいなくできる度量がありました。

これについては、こんな逸話があります。

韓信がまだ若いころ、町のゴロツキに絡まれたことがありました。

「よぉ、韓信！

てめぇは図体ばかりデカイが、俺様の見るところ、腰抜け野郎だ！

悔しかったら、その腰の剣で俺の胸を突いてみろってんだ！

ハッ、てめぇのような腰抜けにできやしねぇだろうけどよ！」

韓信が黙っているのを見て、ゴロツキはさらに増長します。

「やっぱりできねぇか！

できねぇなら、この俺様の股をくぐりやがれ！」

中国では、男が股をくぐるというのは、これ以上ない恥とされていました。[※18]

韓信なら、こんなチンピラを刺し殺すことなど造作もないことでしたが、そんなことをすればお尋ね者となるだけで、何の得もありません。

彼は「恥は一時、志《こころざし》は一生」と股くぐりをすることを躊躇《ためら》いませんでした。

大義を前にして、小さな「恥」などなんでもない。

ましてや、敗将に教えを請う恥など、彼にとってなんでもないこと！

――先生！　このとおりです！

そう頭を下げる韓信に、李左車も恐縮して答えます。

「わかりました、頭をお上げください。

今、貴殿は連戦連勝の余勢を駆って、このまま燕に攻め込もうとお考えのようだが、それはやめたほうがよろしい。

これを破るのは、如何な韓信殿といえども至難の業でしょう」

――それは何故でしょうか？

「連戦連勝といえば聞こえがよいが、そのためにすでに漢兵は疲弊しきっています。士気は衰えており、このような状態で燕に侵寇しても長期籠城戦となることは必定。時が経てば経つほど士気はいよいよ衰え、そのうちに斉も援軍にくるでしょう」

――なるほど。

ではどうすれば？

「ここで兵を休ませ、兵の鋭気を養わせると同時に、趙の民を労《いたわ》るのです。

そうしておいてから、燕に攻めるようなそぶりを見せつつ、使者を派遣し、降伏を迫るのです。

こうすれば、燕は戦わずして降るでしょう。

燕が陥ちれば、斉も和を請うてきます」

韓信がこの李左車の言葉通りにすると、燕は戦わずして和を請うてきました。

これぞまさに「戦わずして勝つ」！

これにより、一兵も失うことがなかったどころか、趙の民の信頼を勝ちとって背後の憂いを断ち、燕の軍を取り込んで大軍となり、士気も高くなった韓信軍は、次の斉へ進軍することが可能になったのです。

『勝てば勝つほど敗北へと近づく。』

これに対して、項羽はどうだったでしょうか。

彼もまた向かうところ敵なしで「覇王」を名乗るまで昇りつめています。

しかし。

彼は、歯向かう者があれば、常に戦い、勝って、勝って、勝ち続けました。

その結果。

味方の兵はどんどん疲弊していき、戦いに勝てば勝つほど敵は増えていき、やがて、垓下《がいか》に散ったのです。

四面楚歌。

気がつけば、周りは敵だらけ。

これが彼の生き様そのものを象徴しています。

項羽然り、呂布然り。

強ければ強いほど、この道理が理解できず、ついつい戦いに勝ってしまい、そして我が身を亡ぼしていくのです。

これを他山の石としなければなりません。

※1　ほぼ東周王朝時代（771B.C.-256B.C.）に一致する、諸侯が割拠した時代。

※2　下位の者が上位の者に対して計画などを提案すること。

※3　それが結局、韓信には逃げられ、范増にも見限られることにつながります。人の意見に耳を傾けない者はどんなに才ある者であっても最後は没落します。

※4　接待係（曲客）とも軍事指揮官（司馬）ともいわれ、詳しくはよくわかっていません。

※5　事件の詳細はよくわかっていません。韓信は何らかの事件に連座して処刑される寸前でした。

※6　兵站《へいたん》（食糧庫）の管理係。

※7　当時、項羽・劉邦の他にも「王」を名乗る者は18人いましたので、自分の才を認めてくれる王を探すつもりでした。

※8　学校のテストの答えと人生のテストの答えが違うということは往々にしてあります。一流大学を出た者が必ずしも成功者たり得ないのもここに一因があります。

※9　世の中、優れた才能を持ちながら、世に出ることなく消えていく者は多い。どんなに才はあっても行動力がないと芽が出ないためです。

※10　「天下に並びなき優れた人物」の意。このとき蕭何が韓信を賞賛して言った言葉。

※11　現在の陝西（せんせい）省の南西端のあたりで、切り立った山脈に隔てられ、桟道だけがライフラインという陸の孤島のような僻地でした。ちなみに「左遷」という言葉はこのときの劉邦のことを指して生まれた言葉だといわれています。

※12 秦の降将。

※13 彭城の戦（205B.C.）。

※14 現在の洛陽と開封の間辺りにある都市。

※15 木罌（もくおう）の計。木の樽で筏（いかだ）を作り、川を渡って敵を挟撃しました。

※16 井陘（せいけい）の戦。

※17 戦術と戦略の違いについては、本書「第4章」をご参照ください。

※18 ジャッキー・チェンの出世作『酔拳』の中でも、カンフーに敗れた主人公が「鉄心様の股をくぐれ！」と言われて悔しさのあまりその表情を歪ませるシーンがあります。

06
ハンニバル

247B.C.-c.183B.C.

ローマを震え上がらせたカルタゴの将軍。
アルプス越え、カンナエの戦など、
彼の戦いぶりは現在まで語り草となっている。

その活躍から2000年経った現在に至るまで、ヨーロッパでは知らぬ者とてない名将、ハンニバル・バルカ[※1]。

その予想できない動き、芸術的な戦術、高い人望……。

敵将からも畏怖され、尊敬され、後世に甚大な影響を与えた英雄です。

かのナポレオンが第二次イタリア遠征のとき、ハンニバルを意識してアルプス越えをしたことは有名です。

幼き日、ローマに受けた屈辱

そのハンニバルが生まれたころ、故郷カルタゴは宿敵ローマに敗れ、[※2]苦汁を飲まされていました。

ローマが押しつけてきた講和条件は過酷なもので、莫大な賠償金を負わされただけでなく、穀倉地帯のシチリア島を奪われ、西地中海の制海権を失ったことで、カルタゴは戦後復興もままならず混迷が続きました。

「情けは味方、仇は敵なり。」

人は、強敵を打ち負かしたあと、抵抗する力を失い跪《ひざまず》く敵を見下して悦に入り、つい必要以上にひどい仕打をしてしまうことがあります。

しかし、それはただ相手の「敵愾心《てきがいしん》」「復讐心」を煽《あお》るだけで、結局は自分の首を絞めることになります。

よい例が、第一次世界大戦後のフランス。

戦争が終わったとき、フランスはドイツに対して非常識なほどの苛酷な講和条件を叫び続けました。

――普仏戦争[※3]のときの恨み、今こそ晴らさん！

イギリス・アメリカがいかに諌めようと仏首相Ｊ《ジョルジュ》・クレマンソーはまったく聞く耳を持たず、その結果、賠償総額は「１３２０億金マルク」という天文学的数字になります。

これは、当時のドイツの国家予算の18年分にも及び、あまりにも非常識な数字で、とても返せるような額ではありません。

それでもドイツは「こんなものは払えない！」とは言わず、「今は戦争が終わったばかりで苦しいので、もう少し待ってほしい」と懇願しました。

しかし、それすら聞き入れず、「ならば差し押さえだ！」とばかりに、フランスはただちにドイツの工業地帯[※4]を制圧するという挙に出ました。

問答無用！　情け容赦なし！

その結果が、ドイツ国民の深い恨みを買い、その憎しみの渦がひとりの人物に結集していきました。

その人物こそが、A《アドルフ》・ヒトラーです。

ヒトラーという怪物は、こうしたフランスの態度が育てた側面が大きいのです。

そして、ドイツ国民の期待を一身に担った彼は、やがて第二次世界大戦を引き起こし、フランスだけで55万人もの人が犠牲になったのでした。[※5]

人を呪わば穴ふたつ。

歴史を紐解けば、こうした話は枚挙に遑《いとま》なく、倒した敵にひどい仕打ちをすれば、結局は2倍にも3倍にもなって自分に返ってくるだけなのです。

ローマへ復讐戦を挑む

このときのローマとカルタゴの関係がまさにそうでした。

臥薪嘗胆！　名誉恢復《かいふく》！

捲土重来！　失地恢復！

ハンニバル自身もその父親[※6]から「生涯ローマを仇《かたき》とせよ！」と教え込まれて育ちま

した。

こうして立派な青年に成長すると、いよいよローマへの復讐戦に臨むことになりました。ハンニバルは、歩兵9万、騎兵1万2000、軍象37頭もの軍勢を率いてカルタゴノヴァを出撃します（218B.C.）。

ローマ側もすぐにハンニバルの軍事行動を察知し、ただちに索敵隊を出したものの、まもなくハンニバル軍を見失ってしまいました。

なんとなれば。

ハンニバル軍はローマが予想だにしない行軍路《ルート》を進軍していたためです。

イタリア半島はその北をアルプス山脈が蓋をするような形をしていて、冬のアルプスを軍が越えるなど考えられません。

ハンニバル軍を見失ったとはいえ、ローマ軍はアルプス山脈と紺碧海岸《コートダジュール》に挟まれた隘路《あいろ》に軍を置いておけば、ハンニバル軍の侵入を許すことはありませんから、索敵の結果が思わしくなくてもたいした動揺は走りませんでした。

しかし。

敵が「越えられるはずがない」と思い込んでいるが故に、敢えてハンニバルは「アルプス越え」の行軍路を選んでいたのです。

『兵とは詭《き》道《どう》なり。』

人は、何かしら夢や目標を持って努力を始める際、その前にまず周りを見渡し、他人がどんな努力をしているのかを探ります。

それから「努力は必ず報われる！」「努力は裏切らない！」と自分を鼓舞しながら見よう見まねで他人と同じ努力をし、他人と同じ価値観に縛られ、他人と同じような行動を取ります。

しかし、こうした努力が報われることはあまりありません。

その人がやっている努力は周りのみんながやっていることだからです。

やがて、努力が報われない現実を前にすると今度は、

——夢なんて、所詮叶わないから夢なんだ！

このように悟ったようなセリフを口にし、自分を慰めます。

ところで、実現が極めて難しい夢を叶えた人たちを調べてみると、彼らは必ず、他人とは違った努力をし、他人とは違った価値観を持ち、他人とは違った行動を取って

いるものです。

そうした人のみが、大いなる飛躍、成功を手に入れることができるのです。

人と同じことをする、敵が予想できる行動を取る、そうしたことでは「勝利」を手に入れることは難しい。

このときのハンニバルもそうでした。

ローマ側は「冬のアルプスを軍が越山するなど不可能」と思い込んでいます。

だからこそ、そこが付け目。

それを成し遂げたとき、大きな成功が手に入るのです。

ハンニバル連戦連勝！

とはいえ、さすがにローマ側が「不可能」と高をくくるだけあって、アルプス越えは困難に困難をきわめ、飢えと寒さと滑落で次々と兵を失いました。

なんとかこれを越えたとき、兵力は歩兵2万、騎兵6000、軍象はわずかに3頭にまで激減していたほどです。

通常、軍というものはだいたい兵の3割を失えば「全滅[※7]」、半分を失えば「潰《かい》滅」

と表現されます。

それがこれだけの損害を被ったにもかかわらず、依然として規律を失わず行軍を続けることができたのは、如何にハンニバルが兵から信頼され、慕われていたかという証拠でもあります。

しかし、それだけの犠牲を払った効果はありました。

――アルプスの麓《ふもと》にカルタゴ軍出現!!

この報に、ローマでは激震と動揺が走ります。

「なんでそんなところにハンニバル軍がいるのだ!?」

「アルプスを越えた!?　この冬のアルプスをか!?　信じられん!」

ただちに中央から討伐軍が派兵されてきましたが、ハンニバルはこれをティキヌスの戦、トレビアの戦、トラシメヌスの戦※8で次々と打ち破っていきました。

まさに連戦連勝、向かうところ敵なし!

圧倒的不利に置かれたカンナエの戦

危機感を感じたローマはついに本腰を入れ、なんと8万もの大軍を繰り出してきました。

対するハンニバル軍はわずか５万。[※9]

ハンニバル軍はこの劣勢において、イタリア半島南部のカンナエでローマ軍と睨み合うことになります。

カンナエは、ローマ軍が設定した戦場で、川と丘に挟まれた幅わずか２キロメートルの隘《あい》路。

なぜ、ローマ軍はここを戦場と設定したのか。

広い平原を戦場としたのでは、敗走し始めた敵兵は四散して逃げてしまうため、これを殲滅《せんめつ》するのは至難です。

そうなると、たとえここで勝利しても、四散した兵がまた寄り集まって再戦を挑まれるかもしれません。

――カルタゴ兵は一兵たりとも逃がすものか！

ここで一気にカタをつけてやる！

数に勝るローマ軍がこの一戦に賭ける思いがこの隘路を戦地にさせたのです。

つまり。

ハンニバル軍にとって、兵力的にも地理的にも圧倒的に不利な情勢でしたが、彼には策がありました。

「戦の勝敗は〝兵力〟より〝勝機〟」

「弱」は「強」に、「寡」は「衆」に対してむやみに戦いを挑むものではありません。

勝てぬ戦はせぬ。

戦わずして勝つ方策を練る。

それが賢い者のやり方です。

しかし。

ときに「弱にして寡」でありながら、どうしても「強にして衆」と戦わなければならない状況に置かれることはあります。

そうなってしまった以上、勝たなければなりません。

では、こうした圧倒的劣勢にあってどうすればよいか。

このようなときは、敵味方の「戦力」を細分化して考えてみます。

その項目の中でひとつでも敵より優れた箇所を見つけたら、その一点を敵の弱点にぶつける！

これを「局所優勢主義」といい、そこに「勝機」を生み出すことができます。

たとえば、太平洋戦争に敗れた日本は一面焼け野原から戦後が始まりました。

終戦直後の日本経済と欧米経済を全体的総体的に比べれば、その差は「月とスッポン」「天と地」です。

逆立ちしたって太刀打ちできるようには思えません。

でも、もう一歩踏み込んで、ひとつひとつの要素に細分化して考えてみます。

「資力」は？

「技術」は？

「設備」は？

これらのものも欧米企業のほうが比べものにならないほど上です。

ならば、

「勤勉さ」は？

「手先の器用さ」は？

これなら、日本は欧米のどこにも負けません。

そこで、日本はこの点に「勝機」を見出し、低賃金で遮二無二がんばった、その結果が、戦後の「奇蹟の復興」となって発現したのです。

　こうした「自陣の強みを最大限活かして勝負する」戦術を、このときのハンニバルも取ります。

——確かに兵力だけを総体的に見れば、我が軍が圧倒的に不利だ。
　だが、騎兵だけで比べれば、我が軍1万に対して、ローマ軍は6000にすぎない。[※10]
　ここをうまく活かすことができれば！

　そこでハンニバルは、左右に騎兵、中翼に歩兵という布陣の中、劣勢の歩兵軍が必死に堪えて時間を稼いでいるうちに、優勢のカルタゴ騎兵でローマ騎兵を一気に破り、これを敵歩兵軍の背後に回り込ませることに成功します。

　これによりローマ軍は、前にはガリア歩兵軍、左右にカルタゴ歩兵軍、背後にはカルタゴ騎兵軍と四方を取り囲まれる形となってしまいました。

　敵を殲滅するつもりでここを戦場に設定しながら、逆にローマ軍が殲滅される結果となります。

　ローマ軍は全軍7万[※11]のうち、なんと6万が死傷、残り1万は捕虜[※12]となるという、歴史的にも類例が見つからないほどの大敗北を喫します。

またしても劣勢を押しのけてのハンニバル軍の大勝利に終わりました。

不敗神話が崩壊した瞬間

しかし。

これまで見てきてもうおわかりになりますように、こういうときが一番殆《あや》うい。にもかかわらず、連戦連勝という事実がどうしてもその人を有頂天にさせてしまうため、その殆うさに気がつきにくいものです。

これはどれほど優れた人物でも陥ってしまう罠です。

こうしたとき、そばに助言してくれる人がいて、その言葉にちゃんと耳を傾けることができれば、よい方向へ軌道修正できます。

韓信のときには、李左車がいました。

ハンニバルにも、マハルバル[※13]がいました。

「将軍！　今が千載一遇のチャンスですぞ！

ローマが意気消沈し弱気になっている今こそ、一気にローマ市本拠を攻め、敵の戦意を挫き、本当の勝利を手に入れるのです！」

しかし、ハンニバルの答えはNO。

なぜ⁉

——我が軍は、アルプスを越えてきた遠征軍の身。

ローマ市を陥とすには、決定的に攻城兵器が足らぬし、兵站《へいたん》（補給）も保つまい。

嗚呼！

確かにハンニバルは「戦術」にはずば抜けていましたが、この言葉から「戦略」についてはからきし[※14]だったことがわかります。

攻城兵器だとか、兵站だとか、そんな戦術的なことはどうでもよい。

いくら目の前の戦いに連戦連勝していようが、こんな敵地のド真ん中で後援もなくいつまでも戦えるものではありません。

事実、ハンニバル軍は常に補給に苦しんでいました。

一刻も早くチャンスを見つけて、この戦にケリを付けなければなりません。

そうした戦争全体を考えるのが「戦略」です。

ローマはこのカンナエの一戦で、指導者層の25％を失って[※15]半身不随、政府も市民も恐慌《パニック》状態に陥っていました。

これ以上ない、千載一遇のチャンスです。ここで大挙して「不敗将軍」がローマに押し寄せたと知れば、戦う前にローマは降伏したでしょう。

まさに孫子の言う最上の策、「戦わずして勝つ」ことができたはずです。しかし、ハンニバルにはそこのところがどうしても理解できず、とにかく目の前の戦いに勝ち続けることしか頭にありませんでした。

名将ほど陥りがちな罠です。

「佚《いつ》を以て労を待つ。」※16

ところで、このときのローマ軍のように、「衆寡敵せず」どころではない、こちらが多勢を以て臨んでもどうしても勝てない敵と戦わなければならない状況に追い込まれたときは、どう対処すればよいのでしょうか。

それは「極力戦わない」ことです。

決戦に臨んで敗走を繰り返すのではなく、戦うそぶりは見せながらも、あくまで決戦には臨まない。

いわば「押さば引け、引かば押せ」で、孫子が言うところの「佚を以て労を待つ」。

そうすることで時間を稼ぎ、勝機を見出すまで時間稼ぎをする。

たとえば、太平洋戦争初期のこと。

零戦《ゼロ》が現れるや、その突出した性能を前にして、米軍機はばたばたと墜とされていきました。

すると、アメリカ軍はまもなくこういう指令を出したと言われています。

——零戦と遭遇した場合、1対1なら逃げよ。

2対1でも無理に戦う必要はない。

3対1なら戦え。

戦っても勝てない敵との戦いは極力避ける。

そしてその間に勝機を探す。

そうこうするうちアメリカはほぼ無傷の零戦を鹵獲《ろかく》することに成功し、※17 これを徹底的に研究することで、零戦の弱点を解明し、以来、戦況は逆転していくことになりました。

ローマもこの戦法を採ります。

ハンニバルはあまりにも勝ちすぎました。

勝ちすぎたせいで、これに懼《おそ》れをなしたローマは以後「ファビウス戦法」を採ることになります。

実は、カンナエ以前、すでにファビウス将軍が採っていた戦略で、

「ハンニバル軍は確かに強い！

だが、所詮は後方支援なく敵国に孤立している根無し草にすぎぬ[※18]！

敵が出れば退《ひ》き、退《ひ》けば押し、敵の進軍路を焦土化し、補給を断ってやれば、やつらはたちまち干上がるだろう！」

カンナエ以前は、まだローマ本国はハンニバルの強さを理解しておらず、こうしたファビウス将軍の策は「腰抜け」「のろま」と非難の対象となり、ファビウスも作戦中断を余儀なくされていました。

しかし、カンナエでハンニバルの強さが理解されると、ファビウス将軍の戦法は再評価され、ローマはただちに彼の作戦を採用したのです。

戦場においては鬼神の如きハンニバルも、ローマ軍が戦ってくれないのではどうしようもありません。

そのうえ兵糧も断たれ、ハンニバル軍はたちまちジリ貧となり、窮地に追い込まれ

ていき、やがてザマの戦で敗れ去ることになります。

「卒に将たるは易し。将に将たるは難し。」

嗚呼、あのときマハルバル将軍の進言を聞いていたら！

戦略的観点からみれば、あれが唯一の「勝機」でした。

韓信は連戦連勝にも驕ることなく、配下に優れた軍師がいないと見るや、自ら下座に座って敵の軍師（李左車）から助言をもらいました。

それに引き換え、ハンニバルはせっかくすぐそばに優れた助言者（マハルバル）を抱えていたにもかかわらず、彼の助言を黙殺しました。

それが人生の岐路となったのです。

進言が却下されたとき、マハルバル将軍は席を蹴って、怒りを顕《あら》わにしたと言います。

「将軍！

あなたは戦争に勝つ術《すべ》（戦術）はよく心得ておいでだが、
勝利を活かす術（戦略）はまるでわかっておられぬ！」

ハンニバルの敗因は、戦略を知らなかったことではありません。

戦略を知る者から学ぼうとしなかったところです。

部下を自在に操り、目的を達成することは、比較的容易なことです。[※19]

しかし、優れた人物に師事して自分の弱点を克服することができる人は少ない[※20]ものです。

すべてにおいて完璧な人間などいません。

ならば、弱点となる部分は優れた人に教えを請えばよい。

そこができるかどうかが、大業を成すか成せぬかの分かれ道となるのです。

※1　ハンニバルは「嵐神の恵み」、バルカは「雷光」の意。

※2　カルタゴとは、現在のチュニジアからスペイン南部にかけて栄えていた商業国家（814B.C.-146B.C.）。イタリア半島を統一して勢いに乗る新興のローマと西地中海の覇権をかけて戦った第一次ポエニ戦争（264B.C.-241B.C.）で敗れていました。

※3　ナポレオン3世の帝国を亡ぼすことになったプロシア（ドイツの前身）とフランスの戦争。

※4　ルール地方。ライン川の中流域にある炭坑と鉄鋼の生産地帯で、ドイツ経済の柱でした。

※5　もっとも、ドイツの犠牲者のほうが圧倒的に多く、その数は800万とも言われています。

※6　ハンニバルの父親は第一次ポエニ戦争で活躍したカルタゴの将軍でした。

※7　通常、軍隊が3割も損耗すると、兵が浮足だってしまい軍隊として機能しなくなるため、戦略上「全滅」と見做《みな》されます。ただし、この数字は状況により、将の信望により多少増減します。

※8　ティキヌスではローマの兵力はたかだか4000程度でしたが、トレビアではそれに10倍する4万、トラシメヌスでは5万もの兵力を準備しましたが、ことごとく大敗しています。

※9　アルプス越えで一時は激減していましたが、ハンニバルの連戦連勝を知り、ローマ支配に不満を持つガリア人たちが合流し、少し兵力を増していました。

※10　ローマ軍　　・歩兵6万4000　・騎兵6000
カルタゴ軍　・歩兵4万　　　　・騎兵1万

※11　出撃時には8万でしたが、カンナエ開戦の直前に1万を後方支援に置いてきたため、実際にカンナエで戦ったローマ軍は7万。

※12　かたやカルタゴ軍の死傷者はわずか6000弱でした。
※13　ハンニバル将軍の右腕。傭兵隊長。
※14　この点は、前幕の韓信もそうでした。
天は二物を与えず。
戦術と戦略、どちらにも優れた人物などなかなかいるものではありません。
※15　執政官：1名　高官：2名　財務官：2名　将軍：48名
※16　「決戦を避け、味方の鋭気を養いつつ、敵の疲弊するのを待つ」の意。
※17　アメリカでは「アクタンゼロ」と呼ばれています。
※18　ナポレオンがエジプト遠征をかけたとき、彼は前線では連戦連勝でしたが、海上封鎖され、孤立化してしまった途端、撤退を余儀なくされています。
軍隊は本国からの後方支援がなければ長くは戦えないのです。
※19　卒に将たるは易し。
※20　将に将たるは難し。

第4章

戦術と戦略を見極めよ

――目先の勝利に囚われて
大略を見失ってはならない。

歴史を紐解くと、何をやってもうまくいかない人には共通点があります。

逆に、何をやってもうまくいく人にも共通点があります。

もちろんその共通点はひとつやふたつではありませんので、ここでそのすべてを論《あげつら》うことは無理ですが、強いてその中の大きなものを示すなら、うまくいかない人は「物事を深く掘り下げて考える」習慣がないことが挙げられます。

そのために、すべてにおいて物事の定義が曖昧となり、努力が分散され、散漫になる原因ともなり、「成功」を遠ざけてしまうのです。

彼らも努力をしていないわけではないのですが、その努力がいつも空回り。

それが、何をやらせても事を成就できない元凶となっていきます。

たとえば、

「目的と手段の混同。」

ひとつの「目的」を設定し、それを実現させるための「手段」を実行し、努力する。ここまではよいのですが、何をやっても駄目な人というのは、すぐに手段を目的と混同し、本来の目的を見失ってしまうのです。

たとえば、筆者は普段、予備校講師として教鞭《きょうべん》を執っていますが、予備校で学ぶ受験生たちに「何のために大学に行くのか？」「どうしてこの大学を志望するのか？」と問うても、明確な答えが返ってくることはほとんどありません。

多くは、「今の自分の偏差値ならこのへんかなと思って……」といった的外れな答えが返ってくるだけです。

大学は偏差値で決めるものではありません。

まずは就きたい職業なり、実現したい夢なりの「目的」が先にあって、その目的を達成するための「手段」として、どの大学に入ることが最も有利なのかを考えるべきなのです。

手段として大学に行くはずなのに、大学に行くことそのものが目的化（手段と目的の混同）してしまっているから、大学に入ってから呆ける学生が現れるのです。

もちろん、「本来の目的」を見失っていますから、これを手に入れることはできません。そして、もうひとつよくあるのが、

「戦略と戦術の混同。」

戦略と戦術はまったく似て非なるもので、これを明確にした上で努力しなければ、努力が分散されてしまい、目的を達成することは叶いません。

しかし、この「戦略と戦術」はあまりよく理解されていません。

簡単に解説すれば、こうなります。

［戦略］最終目的を達成するための大まかな計画方針。
［作戦］戦略を成功に導くための個別的・具体的計画。
［戦術］作戦を成功に導くための現場での手段・方術。

これを現代の会社経営で喩えると、

［戦略］幹部会議で経営方針が決められ、
［作戦］その経営方針に基づいて、プロジェクトが立ち上げられ、
［戦術］プロジェクトを達成するために現場が臨機応変に対応する。

といった感じになります。

先の受験生の例に当てはめると、「模試ではいつも高得点（戦術の勝利）だったけど、本番で落ちた（戦略の失敗）」というイメージです。

戦術でどれだけ勝利を重ねようとも、戦略で失敗したのでは何の意味もありません。逆に、戦術でどれだけ失敗を重ねようとも、最終的に戦略を損なうことがなければ、問題ありません。つまり、事において、常に「戦略」を見据えながら、「戦術」を行使していかなければ、「成功」は覚束《おぼつか》ないのです。

本章では、そうした戦略と戦術の成功例と失敗例を歴史から紐解いていくことにいたします。

07 オットー・ビスマルク

1815-1898

永きにわたって分裂状態が続いていたドイツを統一に導いた名宰相。明治の政治家からも尊崇を受けた傑物。

偉大なる名宰相、オットー・フォン・ビスマルク[※1]。

彼が生まれた年は、大きな時代の転換点となった年でした。

ナポレオン1世がワーテルローで敗れ、絶海の孤島セントヘレナに流された年。

そして、戦後の新秩序を再構築するため、ウィーン会議が開催された年です。

以後、歴史は「ウィーン体制期」と呼ばれる新時代へと突入していきます。

ところで、ビスマルクの時代のドイツは、すでに分裂状態に陥ってから6世紀近くが経ち、もはやそれが常態となっていましたから、昨日までと同じ日が、明日も来年も100年後もずっと続くかと思われていました。

しかし。

世の趨勢《すうせい》はひとたび動き始めると、人間の想像をはるかに超えて激しい。

ウィーン体制期に入るや、ヨーロッパ中で「民族主義《ナショナリズム》※2」の嵐が猛威を揮い、その波はドイツをも襲います。

「我が国《ドイツ》も統一国家としなければ！

このままでは時代に取り残されてしまうぞ！」

そうした危機感・焦燥感は拡がる一方でしたが、如何《いかん》せん、あまりにも永きにわたって分裂状態が続いていたため、すでにドイツの政治・経済・社会、ありとあらゆるシステムが隅々にまで「分裂状態」を前提に成り立っていました。

これを一足飛びに「統一」させるなんて、誰が見てもとても不可能なことのように見えました。

そんな時代の要請の中で登場したのが、ビスマルクです。

溺れる友人に銃を向ける

ビスマルクは、若いころは酒と狩猟と決闘に明け暮れる乱暴者[※3]としてその名を馳《は》せていました。また相当の変人でもありました。

ビスマルクの逸話として、嘘か誠か、こんな話も伝わっています。[※4]

――彼が友人と猟に出たときのこと。

その友人が足を踏み外して川に転落してしまいます。

泳げない友人は必死にビスマルクに救いを求めましたが、彼は助けようとするわけでもなく、狼狽するわけでもなく、眉ひとつ動かさずに答えました。

「すまぬ。私も泳げぬのだ。したがって、このまま君が溺れもがいて死んでいくのを黙って見ているしかないが、それも忍びない。せめて楽に死なせてやるよ」

そう言うが早いか、猟銃を友人に向けます。

「殺される！」

そう思った友人は、殺されてなるものかと、溺れながらも泳ぎ、もがきながらもなんとか岸にたどりつくことに成功します。

命は助かりましたが、自分を殺そうとしたビスマルクに怒り心頭。

「オットー、貴様！」

ところがビスマルク、鬼の形相で彼の胸ぐらを摑んで迫る友人に対して大笑いしてひと言。

「ほら！　俺の思ったとおりになっただろ？」

人間、必死になればなんとかなるもの。

友人を自力で岸までたどりつかせるために、こんな猿芝居を打ったというのです。

本当に最初から猿芝居だったのか、ホントは殺すつもりだったのに、助かっちゃったからとっさの言い訳をしたのか。

ビスマルクの本心は誰にもわかりませんが、ひとつ、わかることがあります。

それは、このビスマルク、「きわめて冷徹でしたたかな男」だということ。

しかし、そんな男だからこそ、混迷を窮めるドイツを引っぱっていくのに相応しい人物でした。

「銃剣が支配する時代にのみ、採用する人物」

1861年。

この年は、世界史的にもきわめて重要な年で、ドイツと同じく永い間分裂状態だったイタリアが統一を達成し「イタリア王国」が生まれた年です。

この年、プロシア※5ではヴィルヘルム1世が即位していました。

その4年ほど前から先王（フリードリヒ・ヴィルヘルム4世）が精神を病んでしまったため、すでに事実上の国王でしたが、正式に即位したときにはすでに御歳63歳。

彼は、イタリア統一の報を耳にして、いよいよ焦りを感じます。

天下統一のためには、軍事力は必須！

だからこそ、王子時代から陸相A《アルブレヒト》・ローンとともに軍事改革は進めてきましたが、議会は「統一は経済力と話し合いで！」と世迷言《よまいごと》を叫ぶばかりで、どうしても「はい《ヤー》」と言わぬ。進退谷《きわ》まったヴィルヘルム1世は、即位早々、退位まで考えるほど追い込まれていきました。

そこで陸相ローンは、ついに〝切り札〟を切ることを決意します。

「もはや、私のような常識人ではこの難局は乗り越えられませぬ！

常識などものともせずに打ち破って進むような〝乱暴者〟でないと！」

「毒も使いようで薬となる。」

使い物にならないと思われる物も、使いようによっては役に立つこともあります。適材適所。

こんな話があります。

昔、武田信玄の家臣に岩間大蔵左衛門《いわまおおくらざえもん》という武士がいました。

ところが、この男は武士とは思えぬ、周りもドン引きするほどの臆病者で、戦が恐くて恐くて仕方がない。

戦にでもなろうものなら癪《しゃく》を起こし、無理に連れていこうとすれば失神する。

そのため、生涯一度も戦に出たことがないまま禄《ろく》だけ食《は》み続けるという有様。

さすがに「これでは他の者に示しが付かぬ」と、家臣の中からも反発の声が上がり、しまいには「武士の恥さらし」と処断を求める声すら上がるようになります。

そこで、信玄は彼を呼び寄せ、申し渡しました。

――以後、おぬしは戦に出ずともよい。

その代わり、留守居役を申しつける。

戦になったら、館の留守をしっかり守り、その間、お前が見聞きしたものを
包み隠さずわしに報告するのじゃ。

要するに、隠目付《かくし》（密偵）の役を与えたのです。

岩間は「グズ」「役立たず」と家臣一同から見下されていたことで周りからの警戒心も薄く、彼の耳にはさまざまな情報が入ってきました。

まさに翼を得たる龍の如く、彼は大いに信玄の役に立ったといいます。

欠点も使い方次第で利点となります。

振り返って、本幕の主人公、ビスマルク。

これまで見てまいりましたように、彼は一癖も二癖もあるアクの強い人物です。

先王も、

「銃剣が無制限の支配をする時代にのみ採用すべき人物[※6]」

と評していたほどの扱いにくい、いわば〝危険人物〟です。

しかしだからこそ、こんな時代に彼は適任！

まさに時代の申し子です。

当時ビスマルクは駐仏大使をしていましたが、彼を首相に任ずるべく、ただちにパリから呼び戻しました。

彼を首相に任ずることには各方面から反対の声が上がりましたが、ヴィルヘルム1世はこれをハネのけて言います。

「この危急存亡の秋《とき》にあって、背に腹は替えられん！」※7

国王に謁見したビスマルクは玉座の前で堂々と述べました。

――陛下の御意《ぎょい》のままに、必ずや軍事改革を、

そして天下《ドイツ》統一を実現してみせましょう！

この言葉にヴィルヘルム1世も勇気づけられます。

「よくぞ申した！

ならば、余も貴下とともに戦うのが責務である。

退位は撤回しよう！」

このとき、ビスマルク47歳。

これから彼は28年間にわたって祖国のために奮闘することになります。

『ときに意見に耳を塞ぐことも必要。』

「話し合い」は万能ではありません。※8
愚かな意見が大勢を占め、誤った道を突き進むことは多い。

そうした中で卓越した人物が万言を尽くして「正しい道」を説いてみたところで、衆愚がそれを理解してくれることはありません。

ただただ時間だけが無駄に浪費され、刻一刻と状況が悪化していくだけです。

ならば！

反対者の意見になど耳を傾けることなく、これを圧殺して突き進む。

ときにはこうしたことが必要になることもあります。

もちろんこれは一歩間違えれば「暴君」を生み出す〝諸刃の剣〟ですが、ビスマルクには確信がありました。


——全ドイツ諸邦が我が国に期待しているのは自由主義などではない！

その武力である！

現下の問題（ドイツ統一）は、言論や多数決（話し合い）によってではなく、
〝鉄と血[※9]（戦争）〟によってのみ決せられるのである！

その所信演説で、彼はこうした自分の信ずるところをぶちまけます。[※10]

つまり、天下《ドイツ》統一のためには戦争が不可避であり、そのためには軍事改革は必須であり、そのためには大型増税もやむなしという意思表明です。

猛反発する議会を彼は解散、閉鎖に追い込み、そのまま統一事業に向かって驀進していきます。

こうしたビスマルクの強引なやり方にはもちろん批判もありますが、6世紀にわたって社会に浸透した体制をひっくり返そうというのですから、時代の読めない者どもが一斉に反対するのは当然であり、「話し合い」でいちいち彼らの意見など聞いていたら改革などできるはずがありません。

大国オーストリアとどう戦うか

こうして、議会を圧殺して軍制改革を進め始めたところに、いきなり重大な外交問題が発生します。

1863年、隣国デンマークが突如としてシュレスウィヒ・ホルシュタイン両州の併合宣言をしたのです。ここはちょうどデンマークとドイツの国境付近に位置するところで、住民はほとんどドイツ系。

統一を掲げるビスマルクにとって、必要不可欠な土地です。

ビスマルクはこれを黙って見過ごすわけにはいきません。[※11]

翌64年、ビスマルクはオーストリアと連合して最後通牒を突きつけ、開戦。

これが、シュレスウィヒ・ホルシュタイン戦争（デンマーク戦争）です。

デンマークを打ち破り、見事これを奪取することには成功しましたが、問題はその処理問題。

このシュレスウィヒ・ホルシュタイン両州をどうするか。

これを巡ってプロシア、オーストリアの主張は紛糾し、ついに両国の全面衝突に突入していくことになります。

当時、プロシアとオーストリアでは、その国力に大きな開きがありました。

オーストリアは当時ヨーロッパ屈指の大国でしたが、プロシアは小国です。

軍事力も経済力も人口もオーストリアのほうが上で、1対1でまともに戦って勝てる相手ではありません。

そのうえ、フランス・ナポレオン3世の動向も目が離せません。

「城を攻めんと欲すれば、まずその外《そと》濠《ぼり》を埋《う》む。」

天下の名城・大坂城は、天下人となった豊臣秀吉が当時の築城技術の粋を尽くして普請した難攻不落の堅城です。

やがて秀吉亡きあと、徳川家康が天下を狙ったとき、その大坂城が厄介な存在となります。

まともに正面から攻めたのでは、滅多なことで陥ちるような城ではありません。

こうした中、たまたま完成（1614年）した方広寺の梵鐘《ぼんしょう》の銘の中に「国家安康」の文字を見つけるや、家康は、「これは〝家康〟の文字を分断させる呪いの言葉である！」と因縁をつけ、大坂冬の陣を起こします。

しかし、さすが〝天下の名城〟大坂城を陥とすこと叶わず、「外濠を埋める」ことを条件にいったん和睦を結びます。

こうして大坂城を丸裸にしておいてから、改めて「夏の陣」でこれを亡ぼしました。

強敵との決戦の前にあっては、正面の敵を倒すことだけを考えるのではなく、その周りの力を削ぐことが大切なのです。

漁夫の利を狙うフランス

このときのプロシアも目の前の強敵オーストリアに目を奪われることなく、その周りにも気を遣わなければなりません。

それがフランスです。

仏帝ナポレオン3世は考えていました。

——もし普《プロシア》墺《オーストリア》の両国が戦わば、やはり大国オーストリアの勝ちであろう。

とはいえ、プロシアも小国ながら侮れぬ故、開戦当初は善戦するだろう。

両国がしのぎを削り、国力が衰えきったところでこの戦争に介入し、プロシア西部[※12]を掠《かす》め取ってやろう。

プロシアにしてみれば、オーストリア1カ国相手にするにも国運を傾けて戦わねばならぬのに、ここにフランスに介入されてはすべてが御破算です。

将（オーストリア）を得んと欲すれば、先《ま》ずその馬（フランス）を射よ。

オーストリアとの開戦が迫る中、ビスマルクはビアリッツ[※13]に飛んで、ナポレオン3世と会談します。

来るべき普墺《ふおう》戦争において中立を守ってもらわんがためです。

もちろんナポレオン3世は介入する気満々ですので首を縦に振ってくれません。

そこでビスマルクが耳打ちします。

——陛下。

　もし陛下が中立を守ってくださるというのであれば、
　我が国は陛下にライン左岸を差しあげることになるでしょう。

なんと!!

ただ黙っているだけでライン左岸をくれる!?

こうしてナポレオン3世から中立を勝ち取ることに成功。

他にも、ロシア・イタリアなども次々と中立化させ、着実に「外濠」を埋めていったビスマルクは、いよいよオーストリアに牙を剝《む》くことになります。

小国プロシアが勝つ道

大国オーストリアとの決戦に臨むにあたって、重要なこと。

それは「短期決戦」です。※14
長びいては、小国プロシアに勝ち目はありません。

こちらの少ない国力を吐き出しきってしまう前に勝負を決せねば。

そこで戦争を始めるにあたって、ビスマルクは参謀総長モルトケを呼びつけます。

――わかっていようが、今回の戦は時間との勝負だ。

モルトケよ。

おぬしは何週間でオーストリアを跪かせることができる？

これに対して、モルトケは「12」という数字を示します。

ヨーロッパ屈指の大国オーストリアをたった12週間で!?

しかし、できるかできないかではなく、それがプロシアの限界でした。

――よし、わかった！

12週間は、わしの責任を以て、おぬしの要求する武器・弾薬・兵員・食糧、その他、必要物資を前線に送り続けよう。

ただし！　13週目はないぞ？

12週間で我が国はその国力をすべて吐き出す。

それを肝に銘じよ！

こうして、両国は、１８６６年６月14日、ついに開戦します。

「兵は神速を貴《たっと》ぶ。※15」

兵数だけ見れば、オーストリア軍のほうが圧倒していました。

しかし、前章でも学んでまいりましたように「戦は兵力ではなく勝機」です。

前近代的な編制、兵器、戦争理念に基づく鈍重なオーストリア軍は、近代的な編制、兵器、戦争理念に基づき、決戦を急ぐすばやい動きのプロシア軍を前にして、連戦連敗。

なんと、12週間どころか、たった7週目に和を請う有様でした。

この戦争の別名、「七週間戦争」はこれに由来します。

歴史を見わたしても、例を見ないほどの大勝利でした。

やさしすぎる講和条約

これほどの大勝利、講和にあたって、ビスマルクはそれ相応の厳しい条件をオーストリアに突きつけたかと思いきや。

・今後、ドイツ統一問題に干渉せざること。
・賠償金は2000万ターラー[※16]。
・領土の割譲はなし。

というもので、おどろくほど軽微なものでした。

この条件を知った普王ヴィルヘルム1世は、ビスマルクを呼んで詰問しています。

「こたびの戦、古今例のないほどの大勝利と聞き及ぶ。にもかかわらず、オーストリアからは雀の涙ほどの賠償金しか取らず、しかも、領土の割譲要求すらしなかったそうだな？」

――御意。

この国王の詰問に対し、ビスマルクは諭すように答えます。

──陛下。

我々の最終目的を忘れてはなりませぬ。

「常に目的を見定める。」

プロシアの最終目的。

もちろんそれは「ドイツ統一」です。

こたびの戦争でオーストリアという〝目の上のたんこぶ〟をつぶすことに成功したものの、依然として南ドイツが屈服していませんでした。

彼らは頑《かたく》なにプロシアに跪くことを拒絶していたのです。

これを押さえ、ドイツ統一の宿願を果たすためには、南ドイツの後盾《うしろだて》となっていたナポレオンとの決戦は避けられない情勢となっていました。

──今ここでオーストリアに大勝したことで思い上がり、真の目的を忘れ、オーストリアに苛酷な要求をすれば、如何《いかが》なことになるでしょうか。

かの国の深い恨みを買い、来るべきフランスとの戦争において、敵国《フランス》に味方されることは必定でしょうな。そうなれば、仏墺《フランスオーストリア》に挟み撃ちにされ、我が国には百にひとつの勝利もなくなるのですぞ！

これを聞いたヴィルヘルム1世は己の不明を羞《は》じ、ひと言。

「余はそこまで考えが及ばなんだ。善きに計らうがよい」

以後、ヴィルヘルム1世は、ビスマルクの政策にはいっさい口を挟まなくなったといいます。

戦略と戦術はまったく違います。

首相ビスマルクは常に「戦略」を見ながら指示を出し、陸相ローンが「作戦」を下し、参謀総長モルトケが「戦術」で最善の成果を出す。

戦略、作戦、戦術。

ビスマルク、ローン、モルトケ。

この3人が一丸となり、それぞれが己が領分で自らの才能を遺憾なく発揮すれば、残る〝凡帝〟ナポレオン3世を葬り去ることなど造作もないこと。

こうしてついに「ドイツ統一」は成し遂げられたのでした。

※1　ベルリンの西方約90キロメートルのシェーンハウゼンという小さな村で、地主貴族ユンカーの家柄に生まれました。

※2　本来「Nationalism」という言葉に相当する日本語は存在しないため、正確に訳すことができません。そこで文章の前後関係を踏まえながら「国民主義」「民族主義」「国家主義」などと訳し分けることになります。

※3　歴史を紐解くと、子供のころや若いころに手のつけられない暴れん坊だった人のほうが、長じては偉大な業績を残すことが多い。

※4　史実かどうかはよくわかっていませんが、「ホトトギス三句」同様、たとえ史実でなかったとしても、彼の性質をよく表した逸話として有名です。

※5　当時のドイツ諸邦のうちのひとつ。ドイツ語発音ではプロイセン。当時、オーストリアを中心とした大ドイツ主義と、プロシアを中心とした小ドイツ主義、ふたつの統一方針がぶつかっていました。

※6　要するにこれは「(よほどのことがない限り)決して採用してはならない人物」という意味です。

※7　この言葉からもわかるように、ヴィルヘルム1世も本心ではビスマルクを任ずることには気が進まなかったようです。

※8　残念ながら、これを「万能」だと信じて疑わない人は多い。

※9　これは「兵器と兵士」を表していると言われています。

※10　所謂「鉄血演説」です。

※11　日本社会の感覚では沈黙は「否認」を意味しますが、欧米社会では「承認」を意味します。反対ならば必ず「意思表示」しなければなりませんし、それが通らなければ「実力行使」しなければ反対の意思表示と認められません。

※12　ウェストファリア・ラインラント両州のこと。

※13　フランス最南西端の町。フランス有数の保養地で、ナポレオン3世のお気に入りでもありました。

※14　たとえば、日露戦争においても、小国日本の勝機は「短期決戦」しかありませんでしたので、これを絶対条件として開戦に及んでいます。

※15　『三國志』の魏書・郭嘉伝の言葉。

※16　当時のドイツ通貨。2000万ターラーを現在の日本円で換算すれば500億円程度。
これは、そのわずか3年後に起こった普仏戦争の賠償金が5兆円（50億フラン）だったことと比べても格安だったことがわかります。

08 上杉 謙信

1530-1578

自らを「毘沙門天《びしゃもんてん》」の化身と称した、
戦国時代の越後国《えちごのくに》の大名。
生涯不犯《ふぼん》、義を重んずる無敵の「軍神」。

前幕では、「戦略」を決して見失うことなく、不可能とも思える目的を成し遂げた例としてビスマルクを見てまいりましたが、本幕では、その逆のパターンを見ていくことにいたしましょう。

その人物こそ、上杉謙信。

彼は、15歳で初陣を果たしてから49歳で亡くなるまで、その生涯戦績は71戦中、61勝2敗8分。[※1]

その勝率たるや、なんと97%！

この数字は、煌星《きらぼし》の如く瞬《またた》く数多の戦国大名の中でもナンバーワンで、当時、遠く京でも話題になるほどだったといいます。

晩年、飛ぶ鳥を落とす勢いで北陸方面に進出してきた織田軍（総大将・柴田勝家）と手取川[※2]で合戦していますが、このとき上杉軍2万、織田軍4万という圧倒的兵力差にありながら、これを一蹴。

戦後、謙信は家臣にこう漏らしたといいます。

「〝魔王〟などというから、如何ほどのものかと思ったら。

存外たいしたことはなかったのぉ。

あれしきの者で〝天下布武〟とは、わしなら天下統一も容易いな」

軍神謙信の迷走とは？

「軍神」と呼ばれるほどの圧倒的強さを誇った謙信。

天下に王手をかけた織田軍をあっさりと破り、「天下統一も容易い」と嘯《うそぶ》いた謙信。

その彼が天下を獲《と》ることはついにありませんでした。

逆に、手取川の戦で手痛い敗北を喫した信長のほうが着実に「天下」への階段を昇っていくことになります。

この差はいったいどこにあるのでしょうか。

そこに重大な人生訓が隠されていそうです。

確かに謙信は強い。

しかしながら、その強さを恃《たの》みに、なんの展望もなく、ただただ目の前の戦いに勝利を重ねるのみ。

それでは、項羽や呂布[※3]とおなじ「匹夫の勇[※4]」にすぎません。

彼に決定的に欠けていたもの。

それは、才でもなく、運でもなく、彼の才を正しい方向へ導いてくれる優れた軍師の存在でした。

偉大な業績を挙げるものの側には、必ずと言っていいほど、その才を導く助言者がいるもの——ということはすでに第2章で見てまいりました。

『一般方向を見失うべからず。』

軍事用語に「一般方向」というものがあります。

これは、細かい経路は軽視し、全体的方向性だけを重視する考え方。

たとえば。

戦いに敗れた軍が自陣に戻るべく山中を彷徨《さまよ》っていたとします。

どこを進んでいるのかもわからないような状態でしたが、突然視界の開けた小高いところに出て、森の向こうに自陣が見えました。

あともう少しだ！

とはいえ、自陣までの道は鬱蒼《うっそう》とした木々に隠れて見えない。

どこをどう進めばいいかわからない中で、疲弊の激しい軍がこれ以上隊列を組んで進めば全滅するかもしれない。

こうしたときは、ばらばらで各自に行動したほうが生存確率は高いものです。

そこで、もし大将が、

「一般方向、自陣！」と叫べば、それは「どんな道をたどってもよいから、各自、あそこに見える自陣に向かえ！」ということです。

これは「戦略と戦術」に置き換えて考えることもできます。

謙信は、一戦一戦には軍神の如き強さを誇りましたが、肝心の「一般方向（戦略）」にはまったく無頓着でした。

彼の戦歴を調べてみるとまったく「一般方向」が見えてきません。

越後の国（新潟）を拠点として、国内で5戦。

北条の支配する小田原（神奈川）方面（南東）に進撃すること43戦。

武田が進出してきた信濃（長野）方面（南）に進撃すること6戦。

織田が進出してきた北陸（富山）方面（西）に進撃すること17戦。※5

もう見事に向いている方向がてんでバラバラです。

これは喩えるなら、水上において、ただ闇雲に手足をばたばたさせているのと同じです。

それでは水柱が立つだけでちっとも前（天下）に進みません。

進まないどころか、あっという間に体力（寿命）が尽き、沈んでいきます。

きちんとした泳法（戦略）を学び、これに基づいて手足（軍）を動かせば、着実に岸（天下統一）に向かって泳ぐことができたでしょうに。

勝ち続けても、「前」に進めず

かたや、謙信から「たいしたことないな」と蔑まれた信長はといえば、68戦中、49勝15敗4分で、確かに謙信に比べれば、勝率はあまり高いとは言えない（77％）かもしれません。

しかしながら。

信長は若いころから天下を見据え、岐阜城を押さえて「天下布武」という〝戦略〟を掲げるや、常に京都を睨み、背後の憂いを断つため徳川家康と同盟を結び、上杉・武田と友好を結んで、その力をできる限り京都に集中させています。

一意専心。

信長は、常に「一般方向、京都！」を見失うことなく力を注いできたことで、たとえ勝率は悪くとも、それをカバーして余りある成果となって返ってきたのです。

こうして、信長が一歩、また一歩と天下へ近づいていく中、謙信は連戦連勝を重ねながら、一歩も前に進むことなく、ただ歳だけを食《は》んでいったのでした。

天正5年（1577年）。

そんな対照的な両軍が手取川で一戦交えたのです。

結果はすでに述べたとおり。

おそらくは、この信長との一戦で、謙信、何か感じるものがあったのでしょう。

彼は春日山城に帰還する（12月18日）や否や、その5日後には、ただちに次なる遠征に向けて大動員令を発しています（12月23日）。

その目標は現在明らかになっていませんが、おそらくは、織田軍に触発されて、本格的に上洛[※6]を目指すつもりだったと思われます。[※7]

出陣は来春（天正6年3月15日）！

邪魔となる織田軍を駆逐しながら、必ずや京に上杉家の旗を掲げん！

——信長《あやつ》にできて、わしにできぬことなどあるものか。

わしも若くない。今こそ、永年の夢を叶えん！

こうして、天正5年の暮れは過ぎゆき、天正6年の正月がやってきます。

謙信、数え[※8]で49となり、「人生五十年」といわれた当時、感慨深いものがあったのでしょう。

今までの自分の人生が走馬燈のように去来したのか、彼はここで一句詠《よ》みます。

「四十九年 一睡の夢 一期の栄華 一盃の酒」

49年の歳月など、本当にあっという間だなぁ、という感慨を詠《うた》ったものです。

──少し遠回りしてしまったな。

なんの、やつとわしは4つしか違わぬ。※9

しかし、すべては遅すぎました。

戦《いくさ》の勝率は振るわず、絶体絶命の危機に陥ったことも1度や2度ではないけれど、若いころから「天下」への〝一般方向〟を見失わなかった信長と、戦には連戦連勝でありながら、目先の戦勝に心を奪われ、国力を分散させつづけた謙信との決定的な差はもはや埋めようもないところまできていました。

いよいよ、出陣を6日後に控えた日。

出陣の準備中に厠《かわや》に立った謙信がいっこうに戻らないので、家臣が不審に思って様

子を見に行ってみると、そこで謙信が倒れているのが発見されます。[※10]
彼は「天下」を見据えるのがあまりにも遅すぎました。

「才あらばこそ、過ち見えず。」

どんなに優れた才も、常に「戦略（一般方向）」を見据え、それを有効に活用しない限り、せっかくの才も空回りし、時間の中に埋没し、腐ってしまいます。

しかしその一方で、才能豊かなほど、その才に目を奪われ、自分の犯している致命的な過ちに気がつかないものです。

そして気づいたときにはもう晩年。

謙信の人生はそうした教訓を教えてくれます。

※1　この数字は、研究者によって多少増減します。
※2　現在の石川県にある川。
※3　中国の三国時代において「人中に呂布あり」と謳われた最強の武将。
※4　韓信が項羽を評していった言葉。
※5　細かく見ていくと、右から順に、5勝0敗0分、38勝2敗3分、1勝0敗5分、17勝0敗0分。
※6　上洛にはいろいろな意味合いがありますが、この場合は「戦国大名が京都に軍を駐屯させる」こと。
※7　「関東侵寇説」もありますが、筆者には、このときの謙信の焦燥感が「上洛」を示しているような気がしてなりません。
※8　数え年の場合、生まれた年を「1歳」とし、元旦を迎えるごとに歳を加えていきます。
※9　上杉謙信は1530年生まれ、織田信長は1534年生まれ。
※10　脳溢血（のういっけつ）ではないかと言われています。

第5章

最大の危機こそ好機

――ピンチとチャンスは同じ形をしているもの。
それをピンチと見るか、チャンスと見るか。

ひとつの均衡《バランス》が破れたとき。

ほとんどの人はこれを「危機《ピンチ》」と恐れて腰が引け、心理的に逃げの態勢に入ります。

成功者は同じものを「好機《チャンス》」と見て、これに自ら飛び込んでいきます。

ここが多くの人と成功者との分岐点となります。実は、

「危機《ピンチ》と好機《チャンス》は同じ形をしている。」

見る眼のない人にはそれが危機《ピンチ》に映りますが、優れた洞察力をもっている人はそこに隠された好機《チャンス》を見逃しません。

しかしそれは、傍目には区別がつかないほどまったく同じ形をしているのです。

これは、相撲を思い浮かべてみると、理解しやすい。

行司の掛け声とともに両者激しくぶつかり合い、がっぷりよつ[※1]！

しばらくはこの均衡が続いたものの、東の力士が巻き替え[※2]を試みたその瞬間！

巻き替えに成功すれば有利になりますが、掛けるときにスキが生まれますから、こここぞと相手力士が一気に体を預けて押してきます。

均衡は一気に崩れ、あっという間に東の力士は土俵際まで詰め寄られます。

――のこった！　のこった！

ぐいぐい押し込まれ、もうあとは俵に足をかけるだけの状態に。

このとき、相撲にあまり詳しくない人は、「ああ、もう駄目だ！　これで決まりだな」と思ってしまうかもしれません。

しかし、

――勝負あり！

勝ち名乗りを挙げられたのは東の力士。

決まり手は「うっちゃり[※3]」。

このように、相撲は最後の瞬間までどちらが勝つかわかりません。

もちろん、いつもうっちゃりが成功するとも限らず、むしろそのまま寄り切られて負けてしまうことのほうが多いのもまた事実です。

では、土俵際まで追い詰められた状態にあって、これは「危機《ピンチ》」なのでしょうか、「好機《チャンス》」なのでしょうか。何がその差を分けるのでしょうか。

傍から見る限り、うっちゃりが決まって逆転勝ちするときも、そのまま寄り切られて負けてしまうときも、その直前まではまったく同じ形をしていて区別がつきません。

これと同じように、勝負事において均衡が破れたときどちらが勝つか、その形勢だけを傍から見ている分には判別できません。

それは、一見「不利」に見える側の〝心理状態〟にかかっているからです。

まだ勝負を諦めていないか、依然として勝機を探っているか。

「心折れざる限り勝機あり！」

押されている側の心が折れていない限り、まだまだ勝負はどちらに転ぶかわかりません。

さきの相撲の例でも、東の力士が「もう駄目だ！」と思った瞬間、寄り切られておしまいだったでしょう。

「まだまだ！」という思いが、うっちゃりを成功させるのです。

本章では、

ピンチに陥ったからといって諦めるのは早い。

逆に「九分九厘勝ちは摑んだ！」と思ったときこそ、殆うい。

ピンチはチャンス。

チャンスはピンチ。

確かに勝利を摑むその瞬間まで、決して気を緩めてはならない！

ということを、歴史から学んでいきたいと思います。

※１　両者ともに、相手のまわしを摑んで胸を合わせている状態。

※２　上手側の腕を下手に差し替えようとする行為。

※３　土俵際で寄り切られる寸前の力士が、腰を落として体をひねり、相手力士を土俵の外に投げる逆転技。

09 ミルティアデス

c.550B.C.-489B.C.

古代ギリシアにおけるアテネの将軍。
マラソンの由来ともなったマラトンの戦で
祖国を救った名将として名高い。

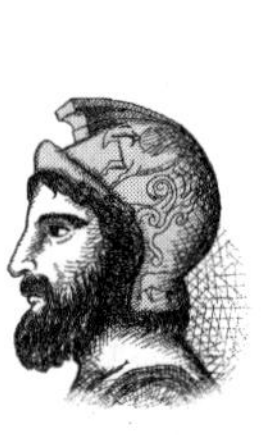

紀元前5世紀初頭。

このころの日本はといえば、まだ縄文時代から弥生時代へと移り変わろうとしていたころ[※1]でしたし、広く世界に目を向けましても、領域国家すらほとんどなく、見渡す限り都市国家ばかりの時代です。

たとえば中国ですら、このころは春秋時代のまっただ中にあって、まだ都市国家に毛の生えた程度のものがお互い鎬《しのぎ》を削って相争っていたにすぎませんでしたし、その点、インドもギリシアも似たようなものでした。

のちに地中海帝国を築き上げることになるローマも、このころまだ生まれたばかりの都市国家にすぎませんでしたし、[※2]あとは、北アフリカにカルタゴが都市国家連合を築いていたくらい。

それ以外の地域となるともう、言わずもがな。

〝世界帝国〟の侵略にどう立ち向かうか

そんな時代に燦然《さんぜん》と輝いていたのが、アケメネス朝ペルシア帝国。

その支配領域たるや、オリエント世界（西アジア）を中心として、東は中央アジアからインダス川まで、西はアナトリア半島からエジプトまでという広大なもので、〝世界帝国〟と呼ぶにふさわしい、当時地球上ナンバーワンの大帝国でした。

しかも、時の皇帝がダレイオス1世。[※3]

アケメネス朝220年の歴史の中でも絶頂期の皇帝です。

そんな彼が次に目を付けたのがギリシアでした。

当時〝地の果てまで支配〟していた世界帝国ペルシアが、いよいよその〝牙〟をギリシアに向けてきたのです。

ギリシアはまさに存亡の機に立たされることになりましたが、ダレイオス1世の恫喝に屈しなかったため、ついに将軍ダティスを総大将に任じ、[※4]兵を動員することを決意します。

このときのペルシア軍は、総勢600もの艦隊編成で、歩兵3万に騎兵を加えた大軍を派兵したといわれています。

これを迎え討たなければならないアテネは、どう掻《か》き集めてみても9000がやっとで、同盟国[※5]からの援軍を加えても1万に届かない有様。

――圧倒的に兵力が足らぬ！

焦りを感じるアテネ側の総大将ミルティアデス[※6]でしたが、すでにペルシア軍がマラトンに上陸し始めたとの報が入ってきます。

もはや一刻の猶予もありません。

「スパルタの援軍2000がこちらに向かっている。彼らを待ってからにしたほうが！」

そういう意見も出ましたが、この切迫した戦局にあってはもはやそれも不可能。ミルティアデスは現状１万の兵だけで出撃します。

「小勢と見て侮る勿《なか》れ、多勢を見て恐る勿れ。」

人はどうしても表面的な「見た目」に目を奪われて、その奥に隠された「本質」を看破することができないものです。

たとえば、「悪党」というとどんな人物像を思い浮かべるでしょうか。見るからに悪そうな目つきで、口もガラも悪い人物像を想像しないでしょうか。

しかし、実際はそうではありません。

「本物の悪党」というのは、顔や表情は見るからに温厚そうだったりするものです。その物腰はやわらかで、その口は思いやりのある言葉しか発せず、その手で慈善事業を行い、誰からも「いい人」と評価を受けている人。

そういう人の中にこそ「本物の悪党」は紛れ込んでいるものです。

見るからに悪党面の人間なんて、見た目と違って本当はいい人か、たとえ悪党だとしても小粒なものです。

話を元に戻しますと、「敵が多勢なら恐れ、小勢なら侮る」など、戦う前から負けているようなものです。

敵が多勢ならば対応を考え、小勢でも細心の配慮を失わない。

こうした心がけが大切です。

しかし、ペルシア軍総大将ダティスは、マラトンに駆けつけてきたギリシア軍がたった1万程度にすぎぬことを嘲《あざ》けります。

——我が無敵ペルシア軍に対してたったの1万で来たのか！

舐《な》めおって！

所詮ギリシアなどこの程度か！

こんな輩《やから》相手に全軍（3万）で臨んだとあっては、我が名折れ！

2万で充分じゃ！

将軍はペルシア全軍3万のうち2万だけしか上陸させなかったばかりか、自慢の騎兵部隊すら出さなかったのでした。

隠せない弱点なら、堂々とさらす

こうして、紀元前490年、ペルシア軍（2万）とアテネ軍（1万）はマラトンで対峙、お互いに方陣《ファランクス》※7を組むことになりました。

いきなり敵を侮ったダティス将軍に対し、ミルティアデス将軍は大軍を前にしても恐れることなく、必死に勝つ対応策を練っていました。

この決戦、「戦う前から勝負がついていた」と言えるかもしれません。

ペルシアがこちらを侮って2万の歩兵しか上陸させなかったことはアテネにとって幸いでした。

もし全軍で殺到されたら、もうどうしようもなかったところです。

しかし、それにしても敵軍はアテネ軍に倍する兵力。

まだまだ予断を許しません。

方陣をどう布陣させるべきか。

もしふつうに横長長方形に布陣させたとすると、数に劣るアテネ軍は、戦線の長さ（横）をペルシアの方陣に合わせれば厚み（縦）がペルシアの半分に、厚みを合わせれば戦線の長さが半分になってしまいます。

厚みのないうすっぺらな方陣など一気に押しきられてしまいますし、戦線が短ければ包囲を受けて壊滅することは必定。

この方陣は、前方からの耐性に特化された陣形であり、側背からの攻撃には滅法弱かったからです。如何したものか。

『弱点をさらして勝機を探る。』

どうせ隠しきれない弱点なら、堂々と弱点を敵にさらけだす。

そうすることで「勝機」が見出されることがあります。

たとえば、企業経営でこんな話があります。

不景気が続き、その会社の業績は悪化する一方。

社長は金策に走りまわるものの、思うように進まず、社内にも重苦しい空気がひろがるようになります。

「この会社、大丈夫なのか？」

「給料は払ってもらえるんだろうな？」

「突然倒産なんてことはなかろうな？」

当然、社員たちは一層仕事に身が入らなくなり、近いうちに潰れるかもしれない会社の仕事よりも、次の就職活動に力を注ぐようになって、いよいよ業績は悪化する一方となっていきます。

こうしたとき、社長としてはどんな対応を取ればよいでしょうか。

――みんな、心配するな！　まだまだうちは大丈夫だ！

しかし、そんな口先だけの空手形、誰が信じるでしょうか。

こうして社長が「大丈夫だ」と言えば言うほど社員の中に不安が蔓延し、業績は改善することなく、ほどなく倒産。

しかし、ここで開き直って、むしろ「弱点」をさらけ出してみたらどうでしょうか。

――みんな、聞いてくれ！

みんなも知っておるように、正直言って、今の我が社の経営状態は悪い。

このままでは今年の暮れを越えられんだろう。

しかし、今取り組んでるこのプロジェクトさえ完成させることができれば、一気にこの危機を乗り越えることができる！

今は、倒産が早いか、プロジェクトの完成が早いかの勝負なのだ！

　みんな、我が社は今が踏んばりどころなのだ！

　社長が包み隠さず、会社の経営状態を社員にさらけ出したことで、社員はかえって安心でき、そこから社員は一丸となり、倒産の危機を回避できたといいます。

　とはいえ、これはなかなか勇気の要ることです。

　自分が弱っているときに、弱いところをさらけ出す。

　おいそれとできることではありません。

　したがってこれは、「もはやそれしか手がない」というところまで追い込まれたときの〝最後の手段〟と言えるかもしれません。

　このときのミルティアデス将軍もこの手を採ります。

　先の企業経営の例では、身内に弱点を晒《さら》すことによって「結束を図る」という効果が生まれましたが、今回ミルティアデスは、なんと、敵に弱点を曝《さら》すという挙に出ます。

　戦線の長さをペルシア方陣《ファランクス》と同じ長さに揃えるが、厚みも揃える！

　こうすれば、パッと見、前から見ても横から見ても、ペルシア軍と同じ長さと厚みになりますが、当然それでは兵が足りませんから、足らない兵は軍中央の戦列を極端に薄くすることで賄《まかな》います。

つまり、陣を上空から見ると、長方形ではなく凹の字のような形[※8]になるわけです。

アテネ軍の弱点は数に劣ること。

その弱点を丸出しにするというか、殊更に強調するような陣形です。

これにどんな効果があるというのでしょうか。

「絶対優勢」をはねのける

こうしてついに両軍は激突！

有名な「マラトンの戦[※9]」はこうして火蓋が切られました。

しかし、正式な方陣《ファランクス》（長方形）と、中央にぽっかり穴の空いた変形方陣《ファランクス》（凹型）がぶつかればどうなるかは火を見るより明らか。

ペルシア軍総大将ダティスは、アテネ軍の布陣を見て喜びます。

――バカめ！　中翼がからっぽではないか！

しかも、その弱い中翼に敵大将がおるぞ！

やつの首を獲れ！

衆（大軍）を以て寡（小軍）を討つ。

敵の弱点を攻める。

味方の攻撃を敵軍の一点に集中させる。

敵を分断させて無力化する。

どれをとっても、兵法の定石通りの必勝パターンです。

こうして、うすっぺらな中翼はあっという間に押し切られ、アテネ軍の隊列は、強烈なボディブロウを食らったボクサーのように、みるみる「く」の字に折れ曲がっていきました。

ダティス将軍は勝ちを確信します。

——よぉし、もうひと息だ！

やつらの陣形は分断、崩壊寸前だ！

しかし。

次の瞬間、阿鼻叫喚《あびきょうかん》の地獄と化したのは、ペルシア軍のほうでした。

——これはいったい!?

今、何が起こっておる!?

ついさっきまで「絶対優勢」と思って突き進んだ道の先には、ミルティアデスの罠が仕掛けられていたのでした。

「弱点を以て囮《おとり》となし、囮を以て勝機をなす。」

実は、ミルティアデス将軍が「凹型陣形」を取り、敢えて弱点を強調したのは、これを囮とするためです。勝利を確信して慢心した敵は必ずここ（中央）を突いてくるでしょうから、こうすることによって戦の展開の一歩先を読むことが可能になり、そこに勝機を探ったのでした。※10

実は、方陣《ファランクス》というのは、前からの攻撃には滅法強いが、横からの攻撃には滅法弱いという弱点があります。

ペルシア軍がアテネ軍の中央を突破してこれを左右に分断させる陣形は、見方を変えれば、ペルシア軍をアテネ軍が左右両翼から包囲し殲滅する陣形とも言えます。

「必勝の陣形」と「潰滅の陣形」はまったく同じ形をしているのです。

そのどちらが意味を持つことになるのかは、どちらの将が敵将より「一歩先」を読

んでいるかにかかっています。ペルシア軍の敗因は、
・ダティス将軍が開戦前から敵の小勢を見てこれを侮ったこと。
・それにより慢心し、戦局の手を読むことを怠ったこと。
だから、自分が刻一刻と破滅に向かって進軍していること、敵将の掌で踊らされていることに最後の瞬間まで気がつかなかったのです。

『最大の敵は己が慢心にあり。』

歴史上、逆転負けを喫した敗将は、ほとんどが無能か、さもなくば慢心しています。

逆に言えば、慢心さえしなければ、ほとんどの逆転負けは避けられます。

これは何も戦に限ったことではなく、企業でも個人でも同じ。

「飛ぶ鳥を落とす勢いで急成長していたベンチャー企業があっという間に倒産！」という話は巷間よく耳にしますが、これもほとんどの場合、社長の慢心が原因です。

優位にあるときこそ、絶頂にあるときほど、しっかりと足下を見据え、己が心が慢心や増上慢《ぞうじょうまん》に陥っていないか、確認しなければならない――と歴史は教えてくれます。

※1　大正年間に定められた歴代天皇の治世でいえば、第4代懿徳（いとく）天皇（初代神武天皇の直系の曾孫）のころ。
※2　紀元前6世紀末にエトルリア王国から独立して建国したばかりでした。
※3　ダレイオス1世在位522B.C.-486B.C.
※4　王族のアルタフェルネスも従軍しています。
※5　プラタイアイ。
※6　当時、アテネの総大将は10人の1年ごとの交代制でしたが、開戦時の総大将が彼でした。
※7　古代から19世紀まで、ヨーロッパでは方陣戦法が主流でした。兵を横長の長方形に整然と並べ（方陣）、これを敵にぶつける戦法です。
※8　凹の字の下側が前方、左右が右翼・左翼、真ん中のへこんだ部分が中翼になります。
※9　あまりにも有名すぎるため、ここでは触れませんが、「マラソン」の故事となった戦いです。
※10　実は、この「弱点を囮として包囲態勢を築く」という手法は、以後よく使われるようになります。ナポレオンも三帝会戦でこの戦法を用い、大勝利しています。

10 フリードリヒ大王

1712-1786

プロシア王国、ドイツ帝国を通じて、「大王」の名を冠する唯一の王。四大国を敵に回した戦争に勝利する。

18世紀のドイツは、分裂時代のまっただ中。10世紀に成立した神聖ローマ帝国は、17世紀には名ばかりの実体を伴わない存在となっていました。[※1] 神聖ローマ帝国に代わってドイツを牽引しようとその主導権を争ったのが、由緒あるオーストリアと新興プロシアの二強。

その他の小さな諸邦はそのどちらの陣営に入るかで右顧左眄《うこさべん》といった状況。

そうした中で、ひとつの懸案となったのが、ちょうど両国の間に位置したシュレジエン地方の帰属問題。

ここはたいへん豊かな土地で、ドイツの主導権を握る上で重要な足場となります。

もともとオーストリア領でしたが、プロシアはこれを得んと虎視眈々。

宿敵マリア・テレジア

そんなとき（１７４０年）、両国で同時に支配者が入れ替わりました。

その年の５月にプロシア王フリードリヒ・ヴィルヘルム１世が、10月にはオーストリア帝[※2]カール６世が亡くなり、両国ともに若き君主が立ちます。

プロシア王フリードリヒ２世、28歳。

オーストリア帝マリア・テレジア、23歳。

しかし、オーストリアは継承問題が発生して[※3]、ただちにヨーロッパ中を巻き込む大戦争（オーストリア継承戦争）へと発展してしまいます。

これに便乗したフリードリヒ２世は、火事場泥棒よろしく、どさくさにまぎれてオーストリアからシュレジエンを掠め取るのに成功。

シュレジエンを得たことでプロシアは潤いましたが、悔しくて夜も寝られない思いをしていたのがマリア・テレジアです。

『戦わずして勝つが上策！』

すでに見てまいりましたように、孫子も言っています。

――戦わずして勝つ（謀略・外交）のが上策。

戦って勝つ（短期戦）のは次策。

城を攻むる（長期戦）は下策。

たとえ戦って勝っても、自国の被害が甚大では、結局長い目で見れば国を衰えさせることになります。

「シュレジエンは必ず取り返してみせます！」

そう息巻くマリア・テレジアでしたが、かといって、これを腕づく（戦争）で取り戻そうとすれば、プロシアはフランスに援軍を要請するでしょう。

そうなれば、先の戦（オーストリア継承戦争）の二の舞で、全ヨーロッパを巻き込む大戦争となってしまう公算が大きい。

それでは、また敗けてしまうかもしれませんし、たとえ勝てたとしても、打ち続く大戦で国力が疲弊してしまい、「労多くして益少なし」となりかねません。

そこで、マリア・テレジアは一計を案じました。

戦わずして勝つ！

当時、西欧の大国フランスはポンパドゥール夫人が実権を握り、[※4]東欧の大国ロシアは女帝エリザベータ・ペトローヴナが支配していましたが、フリードリヒ2世は女性差別発言を憚《はばか》らない人物だったため、彼女たちから忌み嫌われていました。

そこに目を付けたマリア・テレジアは、両国に働きかけ、両国と対プロシア同盟を結ぶことに成功します。[※5]

さらに、スウェーデンもこの同盟に繰り込まれたことで、フリードリヒ2世は一気に苦境に立たされることになりました。

なにせ、南にオーストリア、西にフランス、東にロシア、北にスウェーデンと、文字通り「四面楚歌」状態。

そうした外交成果を背景にして、マリア・テレジアはフリードリヒ2世に圧力をかけてきました。

「シュレジエンを返しなさい。さもなくば――」

プロシアはたかだか15万の兵力しか擁しない小国です。

オーストリア１カ国が相手でも厳しいのに、４大国が東西南北から睨みを利かせての恫喝となると、これはもうまったく勝ち目はありません。

しかし、戦ってみもしないでむざむざとシュレジエンを返還するなんて！

「陛下。お悔しいことではございましょうが、ここは退きましょう。この状況では我が国に勝ち目は万に一つもございませぬ！」

先制攻撃を仕掛けるも……

ところが、フリードリヒ２世は家臣たちの諫言を断固拒否！

「し、しかしながら陛下！　我が国の現状国力[※6]では天地がひっくり返っても……」

食い下がる家臣に対して、フリードリヒ２世は一喝します。

――臆病者は去れ！

こうして、１７５６年、七年戦争の幕が切って落とされました。

「王手小手より先手。」

将棋でも、中盤以降の王手やその他小手先の攻撃というものは、そこに至るまでの攻防の流れから、攻撃をかけられる前に大方の予想が付くものです。

したがって、対策も立てやすい。

しかし、先手の不利を立てなおすのはなかなか難しい。

フリードリヒ２世はそこに賭けることにしました。

——先制攻撃をかける！

かたやオーストリア陣営では、この状況でまさかプロシアが挑んでくるなどとは夢にも思っておらず、戦争準備も整えていませんでした。

その結果、先制攻撃を喰《く》らった同盟軍は緒戦で連戦連敗を喫してしまいます。

しかしながら。

やはり今回はあまりにも国力差がありすぎました。せっかくの「先制」の有利も時間とともに薄れ、やがてプロシアは敗走を重ね始めます。

苦戦、苦戦、苦戦

東からロシア軍、西からフランス軍、南からオーストリア軍、総勢30~40万が押し寄せてくる。

フリードリヒ2世は、文字通り東奔西走して苦しい戦いを戦い抜きます。

首からは自殺用の毒薬が入った金のロケットを揺らしながら。

彼の奮戦が報われないことも多く、1つ勝っては2つ敗け、というジリ貧の状態が続きましたが、それでも彼は必死に戦い続けます。

が、その努力もむなしく、じわじわと破局が近づいてくるのが感じ取れました。

――我々の運命は窮まった！

　だが、余は倒れるその日まで剣を離さぬ！

彼のその不屈の精神はどこから来るのでしょう。過度のストレスから不眠と胃痛と被害妄想に苦しめられるようになりながらも、彼は剣を下ろそうとはしません。

クーネルスドルフの戦（1759年）では一度に2万もの将兵を失って軍は崩壊、一時はフリードリヒ自身も戦死しかけるほど追い詰められたこともありました。

これにより王都ベルリンは完全に無防備状態、守る者とていなくなり、今、ここでもうひと押しされたら、確実にプロシアは亡びるでしょう。

同盟軍も「あとひと押し」とばかりにベルリン総攻撃の準備に入ります。

もはや進退谷《きわ》まりました。

「自分が苦しいときは相手も苦しい。」

こうした絶望的状況に、このときばかりはさしもの不屈の男フリードリヒ2世の心も折れそうになり、

――余はこのまま生きて祖国の滅亡を見るつもりはない！

とロケットの中の毒薬を呷《あお》ることを考えたほど。

しかし、彼は踏みとどまります。自分が苦しいときは、相手も苦しいもの。

戦いは「どちらの心が先に折れるか」の根比べです。

彼は、その絶望的危機にあっても希望を棄てなかったのでした。

諦めなければ、世の中、何が起こるかわからないものです。

ベルリン総攻撃の準備をしていたオーストリア・ロシア同盟軍が仲違《なかたが》いを始め、怒

ったロシア軍は兵を退《ひ》いてしまい、フランスはフランスで戦線離脱を考え始める有様で、同盟軍の足並みが揃わず、追撃どころではなくなってしまいます。

その間にフリードリヒ2世は態勢を整え直すことができました。

まさに九死に一生を得ましたが、まだまだ危機が去ったわけではありません。[※7]

その後も一進一退の苦しい戦いが続きます。

しかし、さらなるジリ貧の中で、61年シュレジエンをオーストリア軍に奪われたのは致命傷となります。これによりプロシアは経済基盤を失い、みるみる苦境に陥っていきました。こうなると、もはや挽回の見込みもありません。

このとき彼はまだ50手前の歳だったというのに、すでに老人のように老け込んでいたといいますから、こうした絶望的で苦しい戦いを長年続けなければならなかったことは、よほどフリードリヒの精神を蝕んだのでしょう。

しかし、それも終局が近づいていました。

いよいよ彼も「降伏」の二文字を考え始め、大臣と相談し始めたとき。

彼の耳に朗報が飛び込んできます。

「陛下！　一大事です！　露帝エリザベータ、逝去の由にございます！」

――なに!?　あのババァ、ついにくたばりやがったか！　して、次期皇帝は!?

「甥のピョートルです！」

ピョートルといえば、ドイツ育ちでフリードリヒ２世の大崇拝者です！

彼がピョートル３世として即位するや否や、ただちにプロシアから軍を撤兵させ、その上、プロシアと軍事同盟を結んで、オーストリアに宣戦布告します。

突然、プロシアとロシアの挟撃にあったオーストリア軍は潰走、シュレジエンは再び奪還され、もはやこれまでと和を請うてきました。

フリードリヒ２世はこの苦しい戦いを勝ち抜くことができたのです！

「危機《ピンチ》は好機《チャンス》を生み出す。人智のおよばぬ原理で。」

今回のフリードリヒの勝利は、「ロシア女帝の死」によってもたらされました。

それは一見すると、フリードリヒ２世の努力とはなんら関係ないように見えます。

〝たまたま運よく〟ロシア女帝が死んでくれただけのこと。

そう考えがちですが、そうでもありません。

なんとなれば、広く歴史を紐解くと、「偶然」というにはあまりにもこのような事例が多すぎるからです。

不思議なくらい、ある人物に「最大の危機《ピンチ》」が襲ってきているとき、その人の与《あづか》り知らぬところで「最大の好機《チャンス》」が生まれ動いているものです。

それは「当人とは無関係」に動いていますから、目の前の絶望的状況に心が折れ、その「好機《チャンス》」が届く前に事が終わってしまっていることが多いだけです。

筆者もどういう力・原理が働いてそのような因果法則が生まれるのかはわかりません。※8

しかし、人智の及ばぬところで「危機《ピンチ》は好機《チャンス》を生み出す」ことは確かです。

大いなる危機《ピンチ》を前にして心が折れそうになったとき、この「フリードリヒの奇蹟」を思い出せば、必ずどこかで「好機《チャンス》」が育っていることを信じ、もうひと踏ん張りできるのではないでしょうか。

※１　日本で喩えれば、応仁の乱以降の室町幕府のようなものです。

※２　厳密にはオーストリアの君号は「大公」ですが、いろいろややこしい問題を秘めているため、慣習的に「皇帝」と呼ばれます。

※３　このあたりの詳しい背景はここでは触れません。

※４　時の国王ルイ15世は政治に関心を失い、ポンパドゥール夫人の言うがままでした。

※５　これを「３枚のペチコート作戦」と言います。

※６　ちなみに、プロシア人口４００万に対して、同盟国人口は20倍にもおよぶ８０００万でした。

※７　これを「ブランデンブルクの奇蹟」と言います。

※８　ただ、我々の生きるこの宇宙というものは、すべて「調和」「均衡」で成り立っていますから、そうした宇宙原理が働いて、「危機」に対してバランスを取ろうと「好機」が宇宙の摂理の一環として生み出されるのかもしれません。

第6章

方針貫徹か、転換か

——状況が変われば方針も変わる。
ひとつの方針に執着してはならない。

人はとかく、何かしらひとつのことに執着しがちです。

女性に執着する。

カネに執着する。

名誉に執着する。

しかしそれは、ほとんどの場合、不幸を招きます。

ひとりの女性を愛するのはよいですが、執着すれば、自分が苦しむだけでなく、愛する女性も不幸になります。

お金を大切にすることはかまいませんが、これに執着すれば、心は荒《すさ》み、愛を見失っていきます。

やがてまともな人は離れていき、気がついたときには、自分の周りにいる者は、欲《よく》にまみれ愛を知らぬ、自分と同類ばかりになっています。

名誉に至ってはそもそも求めるものではなく、結果として与えられるものです。

「執着は諸悪の根源。」

仏教などでも執着をしつこく戒めています。

そして、本章のテーマでもある「ひとつの方針に執着する」。

これも駄目です。

たとえば、ある方法を実行してみた結果、大成功を成し遂げたとします。

すると、多くの人はたちまちその〝成功法則〟に心を奪われ、「いつ如何なるときでも、そのやり方が通用する」と思い込んで、その次も、その次も、いつも同じやり方で解決していこうとしてしまうものです。

しかし、実際には状況は刻一刻と変化し、当然、それに対応する方法も変わってきますから、それは没落の道への一里塚となります。

たとえば。

中国は戦国時代、趙の孝成王[※1]の御世のこと。

当時急速に国力を高めてきた隣国の秦が白起《はくき》将軍に率いられて大軍で攻めてきたこ

とがありました。

この国家存亡の機にあって、趙の総大将廉頗《れんぱ》は長平に籠城してこれをしのぐも、2年という月日が経っても戦況に変化は見られません。

焦った趙王は事態の打開を図るべく、老将廉頗を更迭《こうてつ》し、新たに総大将に任じた[※2]のが趙括《かつ》でした。

趙括といえば、まだ若輩の身だったとはいえ、名将で名高い趙奢《しゃ》将軍の息子で、幼きよりありとあらゆる兵法書を学んでこれを諳《そら》んじ、長じては父親すら論破するほどの〝兵法の天才〟と謳われていたサラブレッド。

ところが、フタを開けてみれば、趙軍は秦軍を前にしていいようにあしらわれ、45万もの兵を失う大敗を喫し[※3]、趙は立ち直れないほどの大打撃を受けることになります。

ときは経ち。

楚漢戦争のころ、韓信が蕭何の目に留まったとき、彼が韓信を試そうと訊ねたことがあります。

「戦国の世、趙の国に〝兵法の天才〟と謳われた趙括将軍がいた。

だが彼は長平の戦で秦軍に大敗し、趙滅亡の原因を作ったという。

〝兵法の天才〟たる彼がなぜそのような為体《ていたらく》になったのであろうか？」

韓信答えて曰く。

――あれは趙括が兵法書の文字面を死記※4していただけだからです。

兵法というものは気候・地形・状況などによって臨機応変に対応していかなければならぬもの。

兵法書に書かれてあることはあくまで一般論。

それを理解せず、言葉通りそのまま実践するから敗れたのです。

状況・環境は刻一刻と変わっていきます。

方法論もこれに合わせて常に微修正していかなければなりません。

本章では、このことについて学んでいくことにしましょう。

※1　公から数えれば、趙の第8代、王としては第2代君主。(266B.C.-245B.C.)

※2　秦の宰相(范雎)の謀略にはまったためでもありました。

※3　長平の戦。(260B.C.)

※4　丸暗記のこと。
中国語では丸暗記のことを「死記(死んだ記憶)」とか「死背(役立たずの知識)」と言って蔑みます。

丸暗記で得た知識など、実践ではまるで役に立ちません。

11
昭《しょう》襄《じょう》王

306B.C.-251B.C.

中国は戦国時代末期の秦王。
のちに天下を統一する始皇帝の曾祖父。
佞臣《ねいしん》の讒言《ざんげん》に踊らされることが多かった。

紀元前3世紀の中国。

長きにわたって続いてきた戦国の世も、急速にそのバランスが崩れつつありました。

春秋時代[※1]が始まったころには２００を数えた煌星《きらぼし》の如き諸侯が、このころにはわずか７つにまで絞られていました。

所謂《いわゆる》「戦国の七雄」※2です。

七雄の中でも、とりわけ秦の勢いが増してきていましたが、そのころの秦王が本幕の主人公、昭襄王です。

その王、優柔不断なり

しかし残念ながら、彼自身は佞臣《ねいしん》・奸臣《かんしん》の讒言《ざんげん》にいちいち左右される、優柔不断な王でした。

このころ賢者として名高かった孟嘗君《もうしょうくん》※3という人物がいましたが、昭襄王は自ら熱望して彼を招き、宰相として礼遇したことがあります。

ところが、いつでも優秀な人材に懼《おそ》れおののくのが小人です。

「よそ者に王の寵愛を奪われてたまるか！」

そう考えた者が王の耳元で囁《ささや》きます。

「陛下、確かに彼は当代一の賢者かもしれません。

しかし、彼は所詮、斉の人間、よそ者ですぞ！

必ずや、国益を損ねる献策をもっともらしくしてくるに違いありません。

さりとて斉に帰せば我が国の脅威となりますから殺してしまうに限ります！」

「真贋を見極むるには、心眼を養うべし！」

讒言か、忠言か。これを見極めるのはたいへん難しい――などとよく言われますが、それは〝発言そのもの〟を見極めようとするから巧言令色に惑わされて真実が見えなくなっているだけで、心眼を養えば比較的簡単です。

すなわち、「讒言」というものは、必ず無能者の保身から発せられる言葉なのですから、〝発言そのもの〟ではなく、〝発言者の立場と心理〟を読めば、これを見極めるのは難しくはありません。

もっとも、今回の「賢人を誅殺《ちゅうさつ》せよ」などは〝心理〟を読むまでもない、たいへんわかりやすい讒言でしたが、昭襄王はこれすら見抜けず、ただちに孟嘗君を誅殺しようとします。※4

ところが、これを知った寵姫からストップがかかると、すぐに撤回。撤回されたことを知った奸臣に今一度説得されると、再び誅殺しようとする有様。※5

確かに「初志貫徹」したほうがよい場合もあれば、「方針転換」したほうがよい場合もあり、その見極めはたいへん難しいものがありますが、彼の場合は、単なる右顧《うこ》左眄《さべん》であり、話になりません。

部下に恵まれ、趙を追い詰めるも……

しかし彼は将軍に恵まれ、不敗将軍・白起（武安君）が趙に攻め込み、これを長平でさんざんに打ち破った話はすでに本章の序文で触れました。

趙はこの一戦で総計45万（全兵力の4分の3）もの兵を一瞬にして失ってしまい、そのため趙都邯鄲《かんたん》は丸裸同然となります。

今ここで秦に攻められたら、もはやひとたまりもありません。

趙はなんら抵抗できぬまま亡び去るしかない——というぎりぎりのところまで追い詰められます。

——万策尽きた！　もはやこれまでか!?

趙の国全体に悲壮な空気が拡がる中、秦から使者がやってきて曰く。

「慈悲深き我が秦王は、趙が城6つを我が国に差し出すなら講和に応じてもよいと仰《おお》せである！」

講和？　この状況で？

これに対し、趙の朝議は真っ二つに意見が分かれました。

――我が国にもはや戦う力はない。

滅亡も覚悟しておったところを、城6つですむなら安いものだ。

たかが6つの城を惜しんで、秦を刺激し、国を亡ぼすことはあるまい！

しかし、反対派は反駁《はんばく》します。

――秦はこれほどの大勝を受けながら、城6つで兵を退くという。

おかしいではないか。

秦にまだ戦う余力があるなら、こんな好条件を出すものか。

おそらく秦はすでに戦う力を失っているにちがいない。

城を明け渡す必要はない！

城を明け渡すべきか、明け渡さざるべきか。

趙王の判断ひとつに、国家の存亡がかかっています。

『唇亡びて歯寒し。』

悩みに悩んだ末、趙王は「城は明け渡さない」と決断。すると何としたことか、秦はこれに抗議するでもなく、攻撃に出るでもなく、そのまま撤兵していきました。

そうです、前章でも学びましたように「自分が苦しいときには敵も苦しい」のです。

もし趙がここで挫けて、城6つを明け渡していたら！

趙は邯鄲の重要な防衛線を失い、翌年、秦が攻めてきたときにこれを守る術がなくなっていたことでしょう。※6

まさに、春秋時代の虞《ぐ》の賢臣宮之奇《きゅうしき》が言った「唇亡びて歯寒し」。

唇（六城）なくして、どうやって歯（邯鄲）を寒さから守れましょうか。

大勝利なのに撤退。なぜか？

どうして秦は撤退していったのでしょうか。

実は、この長平の戦で大勝利を収めたとはいえ、そこに至るまでの2年間にわたって秦は長平の籠城戦を強いられていました。

籠城戦というものは、攻める側（秦）に損耗が激しいものです。

長平で趙軍に致命的打撃を与えたとき、すでに秦軍の疲弊も限界に近づいていたのでした。

そこで、昭襄王はこの大勝利を機に、いったん兵を退くよう秦将白起に命じます。

伝令を受けた白起将軍は仰天！

――なんだと!? 陛下が兵を退けと!?

あと一戦！ あと一戦で邯鄲を陥とし、趙を滅ぼすことができるんだぞ!?

白起将軍はただちに秦都（咸陽）に戻り、王に思い留まるよう献言しましたが、昭襄王は頑として首を縦に振りません。

「そうは申してものぉ……。長年の戦で兵の疲弊もひどいものと聞き及んでおるし、国庫も悲鳴をあげておる。民も飢えており、これ以上の増税も無理じゃ。ここはいったん退いて、鋭気を養ってからじゃな……」

白起がどれほど説いても王は鰾膠《にべ》もない。[※7]

つまり、秦は最初から「六城」がもらえようがもらえまいが、撤退は既定路線だったのです。

そして翌年。秦は兵に充分な休養を取らせ、民を休ませ、武器を整え、糧秣《りょうまつ》を蓄えることができるや、再び出兵を決意します。

昭襄王はさっそく白起将軍を召してこう告げました。

「ようやく準備は整った！

白起将軍よ、おぬしが待ち焦がれた出撃のときは来たぞ！

今度こそ、趙を討ち滅ぼさん！」

やる気満々、意気揚々の昭襄王。

ところが、白起将軍は沈痛な面持ちで答えます。

――陛下、なりませぬ。

お言葉ですが、臣はこたびの出兵には反対申し上げます。

これはいったいどうしたことでしょう？

過ぐる年、秦があれだけの窮状にあったにもかかわらず、白起将軍はなおも戦を続けることを主張したはず。

民を憩わせ、兵を養い、糧を積み、戦の準備が万端整った今、なぜ白起将軍は出兵に反対するのでしょうか。

「状況が変われば方針も変わる。」

秦王がそれを問うと、白起将軍は答えて曰く。


――昨年の秦は確かに苦境にありました。

しかし、趙はそれ以上に苦しかったのです。

苦しい中にあって、あのときに陛下があと一戦お許しくださっていれば、今、趙は存在しなかったでしょう。

我が国はこの1年で体力を回復したかもしれません。

しかし、趙は、君臣一体となって臥薪嘗胆、国力の回復に努めたばかりでなく、近隣諸国との和親に奔走し、燕・斉・魏・楚を味方に付け、これら4カ国と同盟を結ぶことにまで成功しています。

我が国が2倍強くなるうちに、趙は10倍強くなってしまったのです。

あのときとは状況がまったく違います。

開戦には賛成いたしかねます。

しかし、昭襄王はご立腹。

「ええい、もう軍は招集してしまったのだ！

今さら引けぬわ！　もうよい、そちには頼まぬ！」

こうして昭襄王は彼の反対を押し切って、別の将軍（王陵）に軍権を預けて出兵させ、果たして大敗します。

人は、一度動き始めてしまうと、なかなか軌道修正が利かないものです。

特に集団で動く「組織」は軌道修正が利きにくい。

しかし、それがときには身を滅ぼすことにもなります。

「退く勇気は、進む勇気に勝る。」

たとえば明治期のこと。日本は国家存亡を賭けてロシアと戦いました。

所謂、日露戦争です。

結果、運よくロシアに勝利することができ、満洲は日本の勢力圏下に入りました。

こうして多大な犠牲を払って手に入れた満洲でしたが、まもなく日本はこの満洲を持て余すようになります。

「いっそのこと満洲など棄ててしまえ！」という声すら上がりましたが[※8]、そのたびにそうした声は、次のひと言で圧殺されていきました。

「それでは10万の英霊[※9]に申し訳が立たぬ！」

その「10万の英霊」とやらに執着したために、日中戦争、太平洋戦争と戦禍を拡げる結果となり、ついには300万もの英霊を出すことに繋がっていったのです。

日露戦争の「10万の英霊」は、日露戦争の時点での国難を回避するために払った犠牲であって、満洲を維持するためではありません。

日露戦争時とは状況が変わり、満洲が日本の重荷となったならば、これを棄てることを厭《いと》うてはならなかったのです[※10]。

刻一刻と移り変わる状況に常に目を配り、方法に修正・改訂を加える。

ときには退くことも厭わない。

たいへん難しいことですが、事を成すにはたいへん重要なことなので、歴史を学ぶことでこれを肝に銘じなければなりません。

※1　770B.C.-403B.C.

※2　西または北から順に、秦・趙・魏・韓・楚・燕・斉の7国。

※3　「孟嘗君」というのは死後に諡られた名で、本名は田文。斉の人。「戦国四君」と呼ばれる賢者の筆頭格。他の3人は、平原君、信陵君、春申君。

※4　現代でも、優秀な社員が無能社員の讒言によって会社から追われる立場になることは珍しくありません。しかしそれを許す会社は、優れた人材ばかりがいなくなり、無能な人材ばかりが残る結果となりますから、先はありません。

※5　このときの孟嘗君の見事な脱出劇が「鶏鳴狗盗（けいめいくとう）」という四字熟語の故事となっています。

※6　このときの6城はまさにすでに第4章で学んだ「大坂冬の陣における外濠」に当たります。それを敵に与えれば、もはや「詰み」となります。

※7　実は、この背景には宰相范雎（はんしょ）の陰謀があったのですが、ここでは詳しく触れません。

※8　石橋湛山「一切を棄つるの覚悟」など。

※9　日露戦争の犠牲者のこと。

※10　とはいえ、これはあくまで「合理論」であって「感情論」では納得できないかもしれません。組織が個人よりも軌道修正しにくいというのも、実はその点にあります。

12 フィリップ・ペタン

1856-1951

第一次世界大戦時、ドイツ軍の猛攻からヴェルダンを守りきったフランス救国の英雄。しかし晩年、売国奴として死刑判決を受ける。

ペタン将軍と言えば、第一次世界大戦において、苛烈きわまりないドイツの猛攻に屈しそうになった祖国《フランス》をその魔の手から救った「救国の英雄」として、少なくともフランスでは知らぬ者とていない超有名人です。

そして同時に、第二次世界大戦において、ドイツの侵寇を前にしてあっさりと祖国を敵《ドイツ》に売り渡した「売国奴」としても有名です。

2つの「顔」を持つ男

同じひとりの人物なのに、これほど正反対な顔をもつ人も珍しい。第一次大戦後、あれほど国民から喝采を受けた彼が、それから四半世紀後には死刑判決を受けるほど、国民から憎まれるようになってしまったのはなぜでしょうか。

彼は、第一次世界大戦が勃発したころ、すでに58歳でした。退役寸前であったにもかかわらず、大佐[※1]（連隊長）どまりで、決して期待された軍人ではありませんでした。

「才は陽の光に照らされて花開く。」

それは彼が無能だったからというわけではなく、ちょうど彼が軍人として脂の乗りきったころに大きな戦がなく、その才を発揮する場がなかったためです。

どんなに優れた才をもっていようとも、その才を発揮する場がなければ、どうしようもありません。

ややもすると（特に若者は）「才能さえあれば出世できる！」と夢想しがちですが、残念ながらそうではありません。

たとえば、後漢王朝の初代皇帝となった劉秀（光武帝）も才ある人物でしたが、彼が若いころ、

――仕官するなら執金吾《しっきんご》※2、
　嫁をめとらば陰麗華《いんれいか》※3。

と将来の夢を語ったところで、周りからは一笑に付されるだけでした。

「何を世迷言を……」

「ま、言うだけ言わせておこう」

〝夢見がちな若者の戯言〟として受け取られたのも無理はありませんでした。

実際、時代が動いていなければ、この〝戯言〟は文字通り戯言のまま終わり、彼の名が歴史に刻まれることもなかったでしょう。

ところが。

それから急速に歴史は動き始めます。

みるみる王朝は乱れ、赤眉の乱が起き、戦乱の世が幕開くや、彼はめきめき頭角を現し、やがてはとても手が届かないと思われた〝高嶺の花〟陰麗華を本当に嫁にし、さらには執金吾どころか、皇帝にまで昇りつめることになったのです。

それもこれも「時代」が彼に〝才を発揮する舞台〟を与えてくれたからです。

人間、才能だけで世に出ることはできません。

時代に要請されるか、あるいは人（目上の者）に見出されなければ。

本幕の主人公、フィリップ・ペタンは、その点、時代に恵まれず、ここまで燻《くすぶ》っていました。

「陽」が当たる瞬間

しかし、ここで第一次世界大戦が勃発。

当時のフランス参謀本部の「積極的攻撃論」がことごとく裏目に出、ドイツ軍は破竹の勢いでフランス北東部を次々と占領していきます。

祖国はあっという間に存亡の機！

このとき、「積極的攻撃論」にひとり異を唱えていたペタンに耳目が集まります。

——そういえば、あのペタンという男だけが「攻撃論」に反対していたっけな。

最初からあの男の作戦を採っていればこんな為体《ていたらく》じゃなかったかも。

こうして注目を浴びたペタンは、どんどん出世していき、またその期待に応えて戦果を挙げていきます。

「陽」が当たるようになった途端、まさに〝水を得た魚〟。

ペタンの作戦「縦深陣地戦術」

そんなとき、ドイツ軍によって包囲されていたヴェルダン要塞が陥落寸前になります。ヴェルダンといえば、フランスの都パリ防衛の象徴的要塞。

ここが敵の手に陥ちてしまえば、連合軍の士気は地に落ち、戦線は雪崩を打って崩壊することが懸念されました。

そうなれば、ドイツ軍は何もなき野を往《ゆ》くが如く、パリに迫るでしょう。

つまり、ヴェルダンの陥落は、即ちパリの陥落を意味し、そしてそれはフランスの滅亡を意味します。

「まずいぞ！　このままではヴェルダンが陥ちる！」

「無能な働き者は処刑するしかない。」

これは、このころのドイツのゼークト将軍の言葉[※4]です。

――有能な者にも無能な者にも、働き者にも怠け者にもそれぞれ使い道はあるものだ。

一見使い道がなさそうな「無能な怠け者」だって使い道はある。

だが、「無能」と「働き者」の組み合わせだけは駄目だ。

無能なくせに働き者は、使い物にならないどころか、生かしておけば害しか及ぼさないから、殺すより他ない。

司令官が無能であるだけならまだしも、その無能に気付いていないとき、その兵は悲惨です。

このときのフランス参謀総長ジョセフ・ジョフルは、「積極的攻撃論」の急先鋒で、ただ突撃を叫ぶことしかできないような人物でした。

まさに、ゼークト将軍の言う「無能な働き者」です。

「フランス軍の目的はドイツ野戦軍の撃破である！

攻勢だけがその目的を達する！　要塞を出て戦え！　出撃せよ！」

確かに同国《フランス》の英雄にして用兵の天才・ナポレオンは、

――要塞に籠もる者は必ず討ち滅ぼされる。[※5]

という言葉を残しました。

しかしそれは、要塞が包囲され、兵站《へいたん》（補給線）が切られたときの話であって、今回のように、まだ背後に兵站を確保している場合は話は別です。

そして、城や要塞を攻めるときは、攻める側が圧倒的に損害が大きいので、この場合は、背後の補給を頼りに要塞に立て籠もって、敵の疲弊を待つのが一番です。

しかし、ジョフル参謀総長には、それがまったく理解できない。

せっかく要塞という強力な武器があるのに、わざわざそれを放棄して出撃するものですから、フランス軍にとてつもない損害が出ます。[※6]

今さらあとに退けなくなったジョフル参謀総長は、ヒステリックに「徹底攻勢」を叫び続けるだけとなっていきました。

当時、参謀次長だったＥ《エドアール》・カステルノーはこれを見かねて進言します。

「あいやしばらく、閣下！　ここはひとつ、あのペタン将軍をヴェルダンの総司令官に任じ、使ってみては如何でしょう？」

確かにこのまま事態が打開されなければ、ジョフルにとっては責任問題です。
こうしてペタンが参謀本部からヴェルダン総司令官を拝命したとき、彼は自信満々に宣言しています。

――決して敵は通しませぬ！ ご安心あれ！

彼の採用した作戦こそ、「縦深陣地《じゅうしん》戦術」。
これは彼が編み出したオリジナル新戦法というわけではなく、「マラトンの戦」や「カンナエの戦」、はたまた「三帝会戦」などなど、古くから使い古された戦術とその根本に流れる精神は同じものです。

1、まず、わざと敵に弱点をさらし、敵にその弱点を攻撃させ、
2、防御地点を突破されても、あまり抵抗せず、むしろわざと兵を退かせる。
3、調子に乗った敵軍がさらに押してきても、敵軍の包囲態勢づくりに尽力する。
4、敵軍が気付いたときには前後左右からの包囲が完成しており、潰滅する。

どんなに時代が移り変わり、兵器が近代化し、戦術が変わったように見えても、兵法の基本精神は変わりなく通用するものです。ペタン将軍は、この戦法でついにドイ

ツ軍の猛攻に耐えきり、これを撃退することに成功します。

栄光の落日

その結果、ドイツ軍はまもなく降伏し、大戦はようやく幕を下ろしました。

この八面六臂《はちめんろっぴ》の活躍により、大戦勃発の時点では「大佐」だった彼は、戦後、陸軍最高位の「元帥」にまで昇り詰めます。

国民からは「ヴェルダンの英雄」と讃えられ、どこへ行っても喝采を浴び、独身だった彼は、なんと64にして父娘《おやこ》ほど歳の離れた女性（42）と結婚。

まさに〝我が世の春〟を謳歌します。もう歳も歳ですし、このまま満ち足りた豊かな老後生活の中で天寿を全うするかに思われました。

しかし、ここから彼の人生は転落が始まります。

一線を退いたあとは隠居でもしていればこんなことにはならなかったのでしょうが、その後も「陸軍最高顧問」という肩書を得て、陸軍の方針に口を挟み続けたのが、のちに彼の人生を狂わせます。

彼は自分の成功体験から、独仏国境に強大な要塞建設することを支持しました。

所謂「マジノ線」です。

「同じ相手に同じ手は通用しない。」

時代は常に進んでおり、特に手痛い敗北を喫した側は、死に物狂いで敗因を研究し尽くし、対策を練るものです[※7]。

今回勝てたからといって、同じ手で同じ相手に臨むならば、必ずや手痛い敗北を喫することになります。勝ったればこそ、より一層研究を尽くして、相手の対策の上を行く戦略をあらかじめ練っておかなければなりません。

「勝って兜の緒を締めよ」とはこのことです。

ところが、すでに老境に入っていたペタンにはこうしたことがまったく理解できませんでした。

人間は歳を取れば取るほど、新しいものを受け容れる能力が衰え、過去の古いやり方がそのまま未来にも通用すると思い込んでしまいがちです。

それが「老害」です。

——要塞さえあれば、たとえ将来ドイツ軍が津波の如く攻め寄せようとも、縦深陣地戦術で敵を破ることができる！


同じ手が通用するのは、敵がよほどのマヌケの場合だけです。

しかも、要塞というものは、爆撃機が存在しない時代の遺物です。

空から雨あられと空襲を受けたのでは、要塞は護り切れるものではありません。

ペタンはそうした時代の動きが見えない〝老害〟そのものとなっていきましたが、イメージ先行の国民はペタンに期待し続けるという悲劇が生まれていました。

そして売国奴へ

やがて、第二次世界大戦が勃発します。

軍事予算の多くを傾けて造りあげたマジノ線は何の役にも立たず[※8]、ドイツ軍はあっという間に英仏連合軍を駆逐しながら、首都パリまで快進撃しました。

——嗚呼、もう駄目か!?

なんのなんの、ドイツ軍など恐るるに足らず！

こっちにはまだ「救国の英雄」ペタン将軍がおられるのだ！

こうして、英雄（ペタン）が担ぎ出されます。

しかし、このときすでに84歳となっていた彼には、ヒトラーと戦う戦術もなく、気力すら残されていませんでした。

20年前、〝救国の英雄〟だったペタンは、そのころ名もなき敗軍の伍長※9にすぎなかったヒトラーの前にあっけなくその膝を突くことになりました。

ペタンは戦後、「売国奴」として裁判にかけられたときに述べています。

――ヴェルダンの功によって、私の軍事的精神は鎖《とざ》されてしまった。

戦後、新しい道具、新しい兵器、新しい戦術が次々と発明され、導入されていったにもかかわらず、私はそれに無関心だったのだ。

彼が19世紀の軍事知識のまま、20世紀の新しい戦争に対応できず、「時代に取り残された」故の悲劇でした。

しかし、彼の場合、第一次大戦終了時にすでに老齢でしたので、それ自体は責めることは酷かもしれません。

彼の罪深さは、進取の精神を失ったこと自体ではなく、それを自覚できず、いつまでも新時代に口を挟んだことです。

「老いては子に従え。」

たとえ若いころどんなに優秀だったとしても、人は老いれば、多かれ少なかれ頭が固くなり、時代に取り残され、古いやり方に固執するものです。

それは、本章のテーマである「常に状況の変化に応じて、臨機応変に対応する」ことができなくなることを意味します。

したがって、彼は爾後《じご》のことは潔く後進に譲るべきでした。

ペタンは、死刑判決を受けたあと、のちに第五共和政初代大統領となるド・ゴールによって罪一等を減じられ、無期禁固刑に減刑されます。

そして、死刑判決から5年後。彼は流刑地の孤島で淋しく人生を終えました。

享年95。

彼が道を踏み誤ることなく、後進に道を譲っていれば、豊かで充実した余生を送り、現在に至るまで「英雄」として讃えられ続けたことでしょう。

※1　彼の率いた第33歩兵連隊の部下の中には、のちの第五共和政初代大統領となるド・ゴールがいました。

※2　帝都における巡察および警備長官。
現代の日本でいえば警視総監あたり。

※3　劉秀の同郷にあって、当時、美人で聡明と評判の高かった深窓の令嬢。

※4　「有能な働き者は参謀に向いている。有能な怠け者は司令官によい。無能な怠け者は兵士に使える。だが、無能な働き者は殺すより他ない」

※5　彼の著による『ボーケールの晩餐』の中の言葉。

※6　この「ヴェルダン要塞攻防戦」では、独仏両軍あわせて100万近い損失を出すことになります。
この損害は大戦全体を見ても最大級でした。

※7　日露戦争でも、黄海海戦では秋山が考えた丁字戦法はモノの見事に失敗に終わりました。
しかしだからこそ、その敗因を徹底的に究明し、次の日本海海戦の勝利へとつなげることができたのです。

かたやロシア艦隊は、黄海海戦で丁字戦法を破ったことに楽観し、次策を講じませんでした。

それが壊滅的敗北となって返ってきます。

※8　現在でもフランスでは「役立たず」の代名詞として日常会話の中で使用されているほどです。

※9　正確にはヒトラーは「伍長」ではなく、「伍長勤務上等兵」となりますが、さまざまな理由により、慣習的に「伍長」と言い習わされています。

第7章

常勝の秘訣は戦力集中

――水滴とて一点に集中させれば石をも穿つ。
持てる力を一点に集中するのが戦いの基本となる。

戦力集中。

これは兵法の中でもたいへん人口に膾炙《かいしゃ》した〝基本中の基本〟です。

にもかかわらず、いざとなると、これを実践できる人は驚くほど少ない。

この「戦力集中」を完全にモノにし、これを自在に使いこなすことで連戦連勝、〝用兵の天才〟の名をほしいままにしたナポレオンですら、ときにこの鉄則を破ってしまい、そのために手痛い失態を演じているほどです。

マレンゴでは大敗寸前まで追い込まれたばかりか、信頼していたドゼー将軍を失い、また、アウエルシュテットでも「不敗のダヴー」の異名をとったダヴー将軍を失うところでした。

すべては「戦力分散」をしてしまったためです。

言うは易し、行うは難し。さほどに「戦力集中」を実践するのは難しい。

一見「ただ持てる力を一点に集中すればよいだけ」という至極簡単な兵法《ノウハウ》のように

見えるのに、どうしてこんな簡単なことができないのでしょうか。

「肉を切らせて骨を断つ！」

それは「戦力集中」の特質に理由があります。

確かに、持てる力を一点に集中すれば、集中したその一点では勝利を収めることができるでしょう。

しかし、その代償として「強化一点」以外のすべての部分は弱体化するわけで、たとえその一点で勝利を収めたとしても、他の各部分で全敗し、結局全体的には敗けてしまうのではないか？

いざ前線に立たされると、凡夫はどうしてもこの想いを払拭できず、「弱点補強」「戦力分散」の誘惑に負けてしまうのです。

しかし、実際にはその心配はほとんど杞憂《きゆう》です。不思議なことに、戦力を集中すると、その強化された一点だけではなく、全体としても勝利することができるのです。

本章ではこの点について、ある歴史上の人物の失敗から学ぶことにいたしましょう。

13 小モルトケ

1848-1916

偉大なる大モルトケの甥っ子。
伯父の七光りのみで出世した参謀総長。
ドイツ帝国を滅亡に導いた最大戦犯。

隴《ろう》を得て蜀《しょく》を望む。[※1] 千石取れば万石を羨む。
男子たる者、ひとたびこの世に生を享《う》かば、立身出世を望むもの。
しかしながら、人の幸せの観点からみれば、それは必ずしも幸ならず、特に無能な人間が〝分不相応〟な高い地位に就くことほど不幸なことはありません。

それは、周りの人に多大な迷惑を及ぼすばかりでなく、本人もまた自分の器を越えた重責に苦しみ藻掻《もが》くことになるからです。

伯父の七光りで大出世

そうした意味において、本幕の主人公、H《ヘルムート》・J《ヨハン》・L《ルートヴィヒ》・モルトケ（通称小モルトケ）は不幸な人でした。

彼の伯父は、ドイツ帝国の初代参謀総長H《ヘルムート》・K《カール》・B《ベルンハルト》・モルトケ※2（通称大モルトケ）で、ドイツ帝国において、〝建国の父〟ともいうべき燦然《さんぜん》と輝く存在でしたが、その伯父に似ず、彼自身はまったくの無能※3でした。

にもかかわらず、伯父の名声によって、周りから嘱望されてしまったのが不幸の始まり。時のドイツ皇帝ヴィルヘルム2世も、彼には大いに期待し、

「祖父（ヴィルヘルム1世）は（大）モルトケで天下を獲った。

朕も〝朕の（小）モルトケ〟を持ちたい」

と、何の実績もない小モルトケを参謀総長に据えることを熱望します。こうして彼は、ただ〝伯父の七光り〟のみで「参謀総長」という高い地位に昇りつめてしまいます。

彼はA《アルフレート》・シュリーフェン参謀総長からその職を引き継いだ[※4]のですが、そのシュリーフェン参謀総長の代に急速に仏露《フランスロシア》が接近（仏露協商）し始めました。

位置的に、ちょうど仏露両国の真ん中に位置するドイツは危機感を高めます。

——もしこのまま仏露を敵に回して開戦ということになれば、
ドイツは西からはフランス軍、東からはロシア軍に挟撃されてしまう！

敵に挟み撃ちにされたときの第一の対抗措置、それは挟み撃ちです。

「目には目を、歯には歯を、挟み撃ちには挟み撃ちを」

問題はそれが不可能なとき。

そうなれば、残された道はひとつ、「戦力集中」「各個撃破」しかありません。

持てる力を50％ずつに分けて対処する——ということだけは決して犯してはならない愚策です。それはいったいなぜか。

「戦力と兵力は別物。」

第4章で、「手段と目的を混同してはならない」「戦略と戦術を混同してはならない」

というお話をいたしましたが、「戦力と兵力」も厳に区別を付けておかなければ、足を掬《すく》われることになります。

　そこで、ひとつ問題です。

　ここにA国とB国の軍が対峙していたとします。

　睨みあう両国の兵力は、A国が5個師団、B国が3個師団。

　残りのすべての条件[※5]は一切考えないものとして、この兵力のみで正面からお互いに死力を尽くして戦ったとします。

　違いは兵力の差のみですから、兵力に勝るA軍の勝利は確実として、B軍が全滅したとき、勝利したA軍に残された兵力はどれくらいでしょうか。

　常識的に考えれば、A軍兵力が「5」、B軍兵力が「3」なのですから、A軍の残存兵力は2個師団（5-3）となっていそうなものです。

　ところが、実際に戦争をすると、そういう数値にはなりません。

　正解は「A軍が4個師団を残して圧勝」となります。

　不思議なことに、現実に戦ってみると、A軍はたった1個師団の損耗のみで、B軍3個師団を殲滅することができるのです。

　他の条件はすべて同じなのに、何故このような結果が生まれるのでしょうか。

そこで、この謎を解決するために「戦力」という概念が登場します。

「A軍の兵力5」「B軍の兵力3」で考えるから駄目なのです。

それぞれの兵力ではなく戦力で考えます。

戦力は「兵力を自乗」したもの（戦力自乗の法則）ですから、両軍の戦力は、

「A軍の戦力25（5の自乗）」

「B軍の戦力9（3の自乗）」となります。

すると、25の戦力と9の戦力が相殺しあって、A軍に残される戦力は「16（25−9）」となり、これを元の兵力に戻すと「4（16の平方根）」、実際の数値「4個師団」と一致します。

「力は集中させるほど幾何級数的に強くなる。」

つまり、「力」を集中させれば、その効果は比例して強くなるのではなく幾何級数

的に強くなり、[※6]分散させれば弱まってしまうことになります。

では、もし自分がＢ国側であった場合、どうすれば勝てるでしょうか。

そのときこそ「戦力集中」です。

持てる兵力（３個師団）で敵の一個師団に集中砲火をかけるのです。

これなら、兵力で「３対１」、戦力では「９対１」となり、圧勝できます。

こうすると、Ａ国の他の４個師団から総攻撃を受けて潰滅してしまいそうですが、実際にはそうはなりません。

目の前で瞬殺される部隊を目の当たりにして他の４個師団が浮き足立ってしまうためです。

このときのドイツも、もし兵力を東部戦線50％・西部戦線50％に均等に分けてしまえば、それぞれの戦力は25％（50％の自乗）ずつに落ちてしまうため、帝国全体の戦力は東西を足しても半分（25％×２）に落ち込んでしまうことになります。

参謀総長のシュリーフェンは、この戦力原理をよく理解していたため、軍の配備を以下のようにします。

東部戦線（対露）に12・５％
西部戦線（対仏）に87・５％

異様に偏った配備ですが、彼はこう考えました。

——東部戦線（対露）には最低限の兵力を残すのみとし、守りに徹させる。
残りのすべての兵力を西部戦線（対仏）に投入させることで、でき得る限り戦力の損耗を抑える。※7
これでフランスを短期で降伏に追い込むことに全力を尽くす！
これは下手をすると東部戦線の崩壊も懸念せねばならない数字で、西部戦線の決着が早いか、東部戦線の崩壊が早いかの大博打であるが、それでもこれしか手はない！

彼の口癖は、

——我に強い右翼を！※8
とにかくドイツ陸軍のできる限りの兵力を西部戦線に「戦力集中」させる！

そしてまずはフランス、次にロシアと「各個撃破」する。

これが所謂「シュリーフェン計画《プラン》」です。

すでに「挟撃」されていること自体がヴィルヘルム2世の戦略上の失策であり、それを補うための作戦ですから、実際この作戦がはなから厳しい展開になることはわかりきっていましたが、それでもこれしか方法はありませんでした。

「小モルトケの改悪」とは？

しかし。

ドイツにとって不幸だったのは、この作戦を立てたシュリーフェンが生きている間に第一次世界大戦が起こらなかったこと。

そして、彼の後任として参謀総長になったのが、よりによって小心者で無能な小モルトケだったこと。

彼には、シュリーフェン計画の〝真意〟がどうしても理解できませんでした。

――軍の配備がこれほど西に偏ってしまっては、

東部戦線があっという間に崩壊してしまうではないか？

もう少し東部戦線に兵を割いておかなければ安心できない。

こうして小モルトケは、シュリーフェン計画を改悪し、

東部戦線の兵力を30％

西部戦線の兵力を70％

このように配置変換してしまいます。

『攻撃は最大の防御なり。』

「戦力集中」の利が理解できない人は、どうしても

「兵法によって強化した部分」ではなく、「それによって弱体化してしまった部分」が心配になってしまうのです。

本章の序文でも触れましたが、これこそ凡将が「戦力集中」に徹することができない最大の理由です。

しかし、「攻撃は最大の防御」であることを忘れてはなりません。

攻撃部分が強化されることで、敵はその「強さ」の部分に圧倒され、そちらに対応することばかりに気が向いてしまい、弱体化している部分を突くことに気がつきにくくなるものです。攻撃を強化することは、それによる弱体化を隠してくれるのです。

それがどうしても理解できなかった小モルトケ。

シュリーフェン参謀総長がせっかく強化した西部戦線の兵力を70％に落としてしまったことで、戦力は49％（70％の自乗）にまでに落ち込んでしまい、これではシュリーフェン計画の「フランスを短期決戦で叩く」という大前提が崩壊することになります。

そのうえ、せっかく補強した東部戦線も所詮戦力は９％（30％の自乗）なので、大した補強にはなっておらず、崩壊する心配が減るわけではありません。

最悪の愚策を実行する

こうしてシュリーフェン計画が改悪された、この最悪のタイミングで第一次世界大戦が勃発したことは、ドイツにとって不幸なことでした。

そのうえ、小モルトケは開戦後も、どうしても東部戦線が気がかりで仕方ない。

——東部戦線に30％でもまだ少なすぎではないだろうか？

今からでももう20％を東部戦線に送るべきではなかろうか？

小心者の小モルトケはどうしても弱点（東部戦線）が気がかりでならず、ついにこれを補強する誘惑に勝てず、兵を均等に配備するという最悪の愚策を実行に移してしまいます。

西部戦線右翼に35％（戦力12％）
西部戦線左翼に30％（戦力９％）
東部戦線　　に35％（戦力12％）

最終的に、全軍はものの見事に3分の1ずつ均等に配備されることになりました。[※9]案の定、まもなく西部戦線は兵員不足に悲鳴を上げ始め、その戦線の穴を衝かれて大敗を喫することになります。

あとはもう泥沼、やがて帝国を滅亡に追い込んでいく結果となりました。

すべては小モルトケの無能のため。彼はその自覚にノイローゼとなり、嘆じます。

――私の肩にのしかかる責任の重荷は、筆舌に尽くし難きものだ！

私の失敗が帝国の存亡に関わるかと思うと恐ろしいばかりで誠に耐え難く、絶望感に打ちひしがれる。

この言葉からも、彼が「そもそも参謀総長の器に非ず」ということが明白です。

彼はまもなく心神耗弱《こうじゃく》に陥り、執務不能として更迭《こうてつ》されることになります。

「鳥も我が身に合わせて巣を作る。」

彼の人生を垣間見てもわかりますように、自分の身の丈、器に合わぬ地位、役職に就いたところで、その重責に堪えきれず、精神に異常をきたすほど苦しむだけです。

自分自身を苦しめるだけなら単に「自業自得」ですみますが、無能な者が分不相応な高い地位に就くことは、周りの者に甚大なる被害を与えることになることを自覚しなければなりません。

身の程を知るということもたいへん重要なことです。

砲声に赴く軍が勝つ

もっとも、常に必ず「戦力集中」がよいかというとそういうこともなく、条件によっては「戦力分散」にも利はあります。

敵がまだ遠方にあるとき、また敵軍の位置が把握できていないときは、戦力を広く分散させておいたほうが何かと都合がよい。

兵を広く配置すれば、それだけ交通の便もスムーズになりますし、宿営地や軍需物資の確保も容易になり、敵軍の発見もしやすく、また敵軍に側背を衝かれる可能性も少なくなります。

しかし、いざ戦闘が開始されれば、戦力分散は如何にもまずい。

そこでヨーロッパでは、「砲声に赴《おもむ》く」という必勝法則が生まれました。

敵が遠方にあるときには、戦力を幅広く分散させて進軍し、その利を活かします。

しかし、いったんどこかで遭遇戦が始まったら、全軍がその「砲声」に向かって軍を進めることで、一気に「戦力集中」させるのです。

その際、「砲声に赴く」軍は、たとえ目の前の敵を無視してでも駆けつけなければなりません。ここが難しいところで、

――確かに砲声は聞こえるが、今ここでわしがこの戦線を抜けたら、目の前に迫る敵軍から誰がこの戦線を守るのだ？

潰滅してしまうではないか。

そうした想いがどうしても払拭できない者が、組織全体を崩壊に導くのです。


ナポレオンはワーテルローの戦で大敗し、セントヘレナ島へ流されることになりましたので、その結果だけを見て「落ち目のナポレオンはワーテルローで敗けるべくして敗けた」と思っている人も多くいます。

しかしながら、実際には激戦、僅差でした。

ナポレオン軍・ウェリントン軍ともに苦しい戦況の中、お互いあとひと押しで敵は総崩れを起こすはず！

そうしたギリギリの戦況が展開する中、ワーテルローの東方ではナポレオン軍の別動隊グルーシー軍と連合軍の別動隊ブリュッヘル軍が睨みあっていました。

ナポレオンは焦ります。

――ええい、グルーシーの馬鹿者は何をやっておる！

この砲声がやつのところに届いておらぬはずはあるまい！

苦しい戦《いくさ》が続く中、グルーシー軍さえ駆けつけてくれれば、一気に逆転勝ちができるのですから、ナポレオンの目は自然と右翼方面（東）ばかりに向きます。

すると！

その右翼方面に「大きく暗い雲のような大軍[※10]」が現れました。

――よし！　グルーシー軍だ！

やっと来やがったか、気を持たせおって！

ところが、その「大きく暗い雲のような大軍」はグルーシー軍ではなく、そのグルーシー軍が足止めしているはずのブリュッヘル軍だったのです。

実は、無能グルーシー将軍は部下から「砲声に赴くよう」に進言を受けたにもかかわらず、愚かにも「私は陛下（ナポレオン）からブリュッヘル軍の追撃命令を受けておる！」とこれを一蹴していたのでした。

これに対して、ブリュッヘル将軍はただちに目の前[※11]のグルーシー軍を打ち遣り、「砲声に赴」いたのでした。

その差が勝敗を決したのです。

古来、「砲声に赴く」軍は必ず勝ち、それができない軍は必ず敗れます。

『ひとりの愚者が組織を亡ぼす。』

これは軍だけの話ではなく、企業でもその他の組織でも同じです。トップの号令（砲声）一下、組織の各部署（軍団）が一斉にトップの下に集まって、そのエネルギーを一点に集中させることができる組織がうまくいかないはずがありません。

しかし、せっかく組織がこうした素晴らしい動きをしようとしているのに、その動きに「待った」をかける〝小モルトケ〟がどこの組織にも必ずいるものです。

「それではこちらの部署が手薄になってしまうではないか！」

こうした〝小モルトケ〟の戯《ざ》れ言を如何に抑え込むか。

ここに組織の命運がかかっているといっても過言ではありません。

※1　のちに後漢王朝の初代皇帝となる光武帝が隴（現甘粛省）を得たとき、その地位に満足することなく、ただちに蜀（現四川省）を攻めたという故事。

※2　「第4章第1幕」で登場したドイツ参謀総長。ドイツ帝国の成立に重要な役割を果たした名将。

※3　歴史上の人物の評価においては、どれほど弁明の余地のない無能な人物であっても必ずその人を擁護する人が現れます。したがって、この小モルトケですら彼を擁護する人はいます。

※4　ドイツ帝国の歴代参謀総長は、
初代大モルトケ
2代ヴァルダーゼー
3代シュリーフェン
小モルトケは4代目でした。

※5　将の能力、兵の士気、戦略・戦術の優劣、武器、装備、練兵度、戦況、気候、地の利、その他もろもろ。

※6　2倍にすると2倍、3倍にすると3倍、4倍にすると4倍と強くなるのではなく、2倍にすると4倍、3倍にすると9倍、4倍にすると16倍と加速度的に強くなるということです。

※7　兵力のダウンが全体の87・5%なら、その戦力ダウンを76・6%（87・5%の自乗）に抑えることができます。

※8　西部戦線の主力軍のこと。

※9　これにより、ドイツ全軍を足しても、その「戦力」は3分の1に落ち込んでしまうことになりました。敵の3分の1の軍事力で勝てるわけがありません。

※10　ナポレオン自身の表現。

※11　「目の前の」と表現していますが、「すぐ近くにいた」という意味であって「目視できる距離にいた」という意味ではありません。
したがって、グルーシー将軍はブリュッヘル軍が「目の前」からいなくなったことに気が付いていませんでした。

第8章

小出し遅出しは兵法の愚

——押すときは一気に、退くときも一気に。
しかもタイミングを逃してはならない。

——小出し遅出しは兵法の愚。

これもよく耳にする代表的な兵法のタブーのひとつですが、やはり前章の「戦力集中」同様、その〝心理的理由〟から、一見簡単そうに見えてなかなか実践するのが難しいもののひとつです。

人は物事に対処するとき、なるべく自己の損失を減らそうと、少しでも少ない力で「効率的」に収めようとしたがります。

それが自然と「小出し」「遅出し」となってしまうのです。

しかしこれは、その意図とは〝まったく逆〟の結果を招きます。

——激水の疾《はや》くして石を漂わす。

形をもたない水も、激流として流してやれば、大きな石をも動かすことができますが、ちょろちょろと流したのでは、総量においてどれだけ多くの水を流そうとも、石はビクともしません。

これは、少ない力で事をすまそうとすればするほど逆に損失ばかりが嵩《かさ》み、大きな力で一気に当たればほとんど損失がなく事を成すことができる――ということを表していますが、理屈ではわかっても、人はいざ「敵」と対峙したとき、特に優勢であれば多くの邪念に取り憑《つ》かれるものです。

それは「勝ち方」。

――勝つのは当然としても、如何にしてスマートにかっこよく勝つか。

――どうすれば最小限の力で効率よく無駄なく敵を倒せるか。

「うまくやろうと思うな、常に全力を尽くせ！」

しかし。

そのように「うまくやる」ことに腐心すれば、その分、「敵」そのものへ意識が集中できず、結局足をすくわれて大敗、などということはよくあることです。

「スマートにかっこよく勝とう」などという邪念は、「勝てる戦いで負ける」という最悪にかっこ悪い結果を導くのです。

「背水の陣」で有名な井陘《せいけい》の戦はその典型で、韓信の優秀さばかりがクローズアップされる戦いですが、実は敗れた趙では李左車が確実に韓信軍を破る策を献策していました。

ところが、そこに異を唱えたのが陳余《ちんよ》将軍。

――我が軍は20万、韓信の軍はわずかに3万。

これほど敵を圧倒しながら、策を弄するなど！

勝つにしても勝ち方がある。

姑息《こそく》な策など使わず、正々堂々と戦って勝つ！

勝てばよいというものではないわ！

陳余将軍は「かっこよく勝つ」ことに執着したことで、たかが3万の軍に大敗を喫し、国を亡ぼし、末代まで嗤《わら》われることになったのです。

「うまくやろう」などと考えてはいけません。

今やれること、今持てる力、やれることを出し惜しみせず全力を尽くす！

そうすることで、結果的に〝最小の被害〟で勝利を収めることができるのです。

たとえば、豊臣秀吉。

――鳴かぬなら　鳴かせてみしょう　不如帰《ほととぎす》

この歌に顕れているように、彼は「知恵者」として名高く、「墨俣《すのまた》一夜城」※1「金ヶ崎撤退戦」「中国大返し」など数々の逸話を残していますので、その戦ぶりもさぞや機知に富んだ名作戦の連続かと思いきや、意外や意外、そうした面白味のある戦はほとんどしていません。

彼の戦い方はいつも「持てる兵力を出し惜しみせず大軍で圧倒して破る」というもの。

5万ほどの兵力しか持たぬ島津に対して、20万の大軍で九州征伐。

8万ほどの兵力しか持たぬ北条に対して、20万の大軍で小田原征伐。

このように、兵力を小出しにするという愚を犯さなかったところに彼の強さの秘訣があったのです。

本章では、この点について詳しく学んでいきたいと思います。

※1　「墨俣一夜城」に関しては後世の創作ともいわれていますが。

14 メフメト2世

1432-1481

オスマン帝国の第7代皇帝。初代皇帝以来、夢にまで見たコンスタンティノープル陥落を成し遂げた名君。

「大帝国」といえば、どんな帝国を思い浮かべるでしょうか。
東アジア世界では、秦、漢、唐、元、明、清などの歴代中華帝国。
ヨーロッパ世界では、ローマ帝国、ナポレオン帝国。
西アジアでは、アケメネス朝、アレクサンドロス帝国、ウマイヤ朝。

しかしそれらの帝国は、自らの巨体を自ら支えきれなくなって、比較的短期で崩壊している国がほとんどです[※1]。

さほどに「大帝国」が長期政権であることは難しい。

そうした中で、アジア大陸・ヨーロッパ大陸・アフリカ大陸、三大陸を股にかけてその要衝を押さえ、なんと13世紀の末から20世紀の初頭まで６００年以上にわたって君臨した大帝国、それがオスマン帝国です。

これを日本史で比較すれば、鎌倉幕府のころに生まれ、室町幕府、戦国時代、安土桃山時代、江戸幕府、明治時代を経て、大正時代になってやっと滅亡したことになります。

オスマン帝国、一旦滅亡へ

建国より1世紀の間、オスマン帝国はほとんど敗け知らず。

その結果、第4代バヤジット1世の御世《みよ》には、ついにアナトリア半島（現トルコ）のほぼ全域を制圧。

危機感を抱いたヨーロッパがバルカン半島のニコポリスに全欧連合軍[※2]と呼んでもお

かしくないほどの軍を派兵してきましたが、これも難なく撃破し[※3]、まさに〝向かうところ敵なし〟といった様相を呈するようになります。

しかし。

これまで、第3章で「勝ちすぎることの危険性」を、第5章で「己が慢心こそ最大の敵」だということを学んできました。

案の定、バヤジット1世もまた、勝ちすぎたせいで慢心に陥ります。

それからまもなく（6年後）、当時、中央アジアを制したチムールがオスマンに挑戦してきたときのこと。

「汝、我チムールの命に従え。

さもなくば汝、余の呪いに打ち震えることにならん！」

すでに慢心に陥っていたバヤジット1世は、これを鼻で笑います。

――ふん！

口の利き方も知らぬ田舎の王がこの余に挑むか。

チムールとか申す狂犬よ！

やれるものならやってみよ。

そちに身の程というものを教えてやるわ！

こうして両雄はアンカラ※4にて相まみえることになりましたが、

――東の果ての辺境※5の王など、剣の一振りで薙《な》ぎ払ってやるわ！

バヤジット1世は、戦場に皇妃をつれてくるほどチムールを侮り、敵軍20万に対し、自軍12万と兵力的に圧倒的に不利だったにもかかわらず、何の策も講じず正面突撃を命じます。

結果は火を見るより明らかでした。

オスマン軍は壊滅的打撃を受け、バヤジット1世は捕縛、屈辱のうちに憤死、そして帝国は解体してしまいます。

バヤジット1世の慢心が、昨日まで盤石だったはずの帝国をわずか1日にして滅亡に追いやってしまったのです。

『真の成功は試練の先に在り。』

第1章でも学んでまいりましたように、試練・失敗・苦難を乗り越えていない「順風満帆で得た成功」など、この程度のものです。

それは〝砂漠に浮かぶ蜃気楼《しんきろう》〟のようなもので、すぐ目の前にあるように見えて、実は存在していません。

よく、まだ人生の酸《す》いも甘いもわからぬ若者が何かの契機《きっかけ》でトントン拍子に巨万の富を築いてしまうことがありますが、その行く末はほとんどの場合、「悪銭身に付かず」の諺《ことわざ》通りとなってしまいます。

試練を経験していない者は、どうしても過信、有頂天、慢心を抑えることができないためです。

真の成功は、その成功に見合った試練を乗り越えた者にしか与えられません。

目指すはコンスタンティノープル

このときのオスマン帝国もそうでした。

バヤジット1世は、あまりにも順風満帆すぎたことが災いし、我が身を亡ぼすことになってしまいましたが、そのことで「滅亡」という大きな試練を乗り越え、再興を果たしたオスマン帝国に〝真の栄光〟が与えられます。

とはいえ。

一旦解体した帝国を元の姿に戻すのはやはり難儀で、戦前の領土にまで恢復[※6]させるのに、メフメト１世（第５代）・ムラート２世（第６代）の２代を要します。

帝国はここから仕切り直し、再スタートを切ることになりました。

こうした背景の中、新皇帝として１４５１年に即位したのが第７代メフメト２世。

弱冠20歳[※7]。

この若き皇帝が即位早々、最初に目指したのが君府《コンスタンティノープル》でした。

コンスタンティノープルといえば、当時世界でも有数、キリスト教世界だけなら断トツの大都市[※8]。

そのうえ、東はボスフォラス海峡、北は金角湾《ゴールデンホルン》、南はマルマラ海と、三方を海で護られ、唯一陸続きの西側は二重の巨大な城壁（テオドシウスの壁）と防柵と大濠《ほり》に護られた難攻不落の大要塞です。

戦場においては向かうところ敵なしだった、あのバヤジット１世ですら４回も包囲してついに陥とせなかった堅城。

先帝（ムラート２世）も包囲しながらどうしても陥とせなかった金城湯池です。

この若い皇帝の野望に、先帝の家臣が一斉に反対します。

「陛下、なりませぬぞ！

帝国はまだ再興から日も浅く、今は地盤を固めるとき！

こんなときに、偉大なる先帝の誰も成し得なかった、あの難攻不落の大要塞の制圧など、正気の沙汰とは思えませぬ！」

「内を律さずして外を制せず。」

これは喩えるなら、一企業において、先代社長が亡くなり、その若い息子が新社長になったときの状況を想像するとわかりやすい。

若社長は「あれもしたい」「これもしたい」と、それまで温めてきた新規事業を打ち出して張り切るものですが、そうしたとき必ずそれに「ストップ」をかけるのが、隠然たる力を持った先代社長の側近たちです。

彼らは、新社長がまだ寝小便を垂《た》れていたころからよく知っており、立場上は「部下」でありながら態度は〝上から目線〟です。

若社長はライバル会社と戦う前に、まず彼らと戦わなければなりません。

組織というものは、なにより結束が第一。

結束がなければ、外敵に勝てるはずがありません。

武田信玄は城らしい城というものを持ちませんでしたが、

――人は城、人は石垣、人は堀、情けは味方、仇《あだ》は敵なり。

として、組織の結束こそがどんな城より石垣より堀より堅固な護りとなるとして、戦国最強と言われる軍団を造りあげています。

新社長が社長の椅子に座って、まず最初に戦わなければならないのは、〝外〟のライバル会社ではなく、この〝内なる敵〟[※9]です。

これに気付かず、外ばかりを見て内を疎かにするならば、必ず足をすくわれることになります。

武田信玄も、織田信長も、伊達政宗も、当主となった当初は、この「先代重鎮」の排除に力を注ぎました。このときのメフメト2世も例外ではありません。

彼は即位するや否や、先帝より仕えてきた重臣を次々と左遷。

しかし、彼の子供のころの世話役で、皇帝も「爺《ララ》」と呼んできた宰相チャンダル・ハリル・パシャにだけは手が出せませんでした。[※10]

しかし、メフメト2世は爺《ララ》（宰相ハリル）の反対を振り切って、1453年、ついにこの事業（コンスタンティノープル攻略）を強行します。

歴代皇帝が失敗した理由

しかし、これはメフメト2世にとっても、人生の大勝負です。

爺《ララ》の大反対を押し切っての出兵ですから、もしこれで失敗でもしようものなら、「それご覧なさい！　私の言ったとおりになったでしょう！　陛下にはまだ政治は早いようですな」などと言われ、政権をチャンダルル家に奪われかねません。

逆にここで「攻略成功」ということになれば、皇帝派に付くべきか、宰相派に付くべきかで右顧左眄《うこさべん》していた家臣たちが一斉に皇帝派になびき、帝権は安泰となります。

今回の事業は、メフメト2世にとって、自らの皇帝としての未来を賭けた絶対に失敗できない遠征だったのです。

「逐次投入は最悪の愚策。」

そこで、彼は歴代皇帝がどうしても君府《コンスタンティノープル》を陥とせなかった敗因を考えます。

――これまで先帝たちがどうしてもこれを陥とせなかったのは、

持てる兵力を出し惜しみして、中途半端な攻め方をしたからだ。
あれだけの大要塞を陥とそうというのだ、
今回は、我が帝国の持てる力をすべて一気に注ぎ込む！
攻めるときは、好機を見計らって一気に叩く！

これこそ、確実に勝利を掴むコツです。

洋の東西を越えて古今を越えて、孫子もクラウゼヴィッツも、戦力の逐次投入は厳に戒《いまし》めています。

たとえば、日露戦争においても好例があります。

この戦において、最も大きな被害を出したのが旅順と奉天ですが、当初、大本営は「旅順など竹柵で囲んでおけばよい」となめ切っていたため、兵力の逐次投入が繰り返され、その結果、あれほどの甚大な損害と悲劇が生まれました。

これに反省した陸軍は、旅順陥落後、持てる力のすべてを奉天に結集させます。

その結果、露軍37万に対し日本軍25万という「史上類を見ないほどの一大決戦」となりましたが、これに勝利することができたのです。

このときの奉天さながら、メフメト２世は、少なく見積もっても10万、一説に20万とも言われる大兵力をコンスタンティノープルに結集させました。

かたや、立て籠もるコンスタンティノープルの兵力はわずかに7000。

のみならず、口径76センチメートルという常識はずれなほどの巨砲[※11]（ウルバン巨砲）まで開発、投入する念の入れよう。

これなら、如何な難攻不落の大要塞といえども、早晩陥ちるだろう……と思いきや。

20万の大軍に包囲され、ウルバン巨砲の猛攻を受けながら、たった7000の兵力しかないコンスタンティノープルは陥ちません。

戦艦越丘作戦

日露戦争における旅順でも、日本自慢の巨砲（二十八サンチ砲）を雨あられと降らせましたが、なかなか陥ちなかったのに似ています。

「難攻不落」というのも伊達じゃないことが証明され、メフメト2世は徐々にあせりを感じ始めます。

――くそ！

まだ陥ちぬのか！

これ以上長びいては今度はこちらの兵站のほうが保たぬぞ！

大きな獣ほどたくさん喰らうもの。

20万とも言われる大兵力を維持するのは、いかなオスマンといえども、たいへんな負担を強いられるものでした。

「事態打開の突破口は〝常識〟というヴェールに隠されている。」

すでに第6章でも学んできたように、ひとつのやり方が行き詰まったとき、同じやり方にいつまでも執着してはなりません。[※12]
常に状況を見ながら臨機応変にやり方を変えることを考えることができる者だけが栄光を摑むことができます。
とはいえ、これは口でいうほど簡単なことではありません。
なんとなれば、行き詰まったときの事態打開の突破口はたいていい〝常識を超えた向こう側〟にあるからです。

常識に縛られる人間には、なかなか事態打開の解決策が思い浮かばないのはそうした理由からです。

人は多かれ少なかれ「常識」だの「先入観」だのに縛られるものですが、行き詰まったときは、いったん頭の中を白紙にすることが大切です。

このときのメフメト2世は考えました。

――さすがにコンスタンティノープルは噂に違わぬ名城。

西の城壁（テオドシウスの壁）は鉄壁で、新兵器ウルバン巨砲を以てしても容易に打ち崩すことができぬ！

正面突破が至難ということになれば、まず考えるのが、敵の側背や弱点を突くこと。

コンスタンティノープルは、唯一金角湾《ゴールデンホルン》に面した北の城壁が薄く、ここが弱点。

しかし、もちろん対策が練られており、金角湾《ゴールデンホルン》口には巨大な鎖が張られていて、オスマン艦隊はどうしてもこれを突破することができないでいました。

――くそ！

オスマン艦隊が金角湾《ゴールデンホルン》に侵入することさえできれば勝てるのだが！

そこでメフメト2世はなんとも〝常識破り〟な方法を命じます。

不可能を可能にする方法

——海（湾口）からの侵入が不可能なら、陸から入ればよい！
ガラタの丘を艦《ふね》で越えよ！

なんと！　丘を艦で越える!?
金角湾《ゴールデンホルン》の北側はガラタの丘に守られていたのですが、これを艦《ふね》で越えよというのですから、常識外れもいいところです。

「へ、陛下!?　この巨大な戦艦を丘を越えて運べと？
そ、そんなことは不可能です！」

不可能？
それは「常識」に縛られているからです。

「羽ばたいて空を飛べ」と命じているわけでもあるまいし、ハンニバルのアルプス越えの例を出すまでもなく、凡人が常識に縛られて「不可能」と断ずることだからこそ、やる価値があります。

『決断と行動は一致させよ。』

こうして、皇帝の命令一下、翌日には「戦艦越丘作戦」は実行に移されました。

小出し遅出しは兵法の愚。

メフメト2世は、出し惜しみ（小出し）することなく大軍で城を囲み、そして今、躊躇《ためら》う（遅出し）ことなく即断即決で作戦を行動に移したのです。

まさに兵法の鑑《かがみ》です。※13

丘を整地し、木材を敷き詰め、油を塗り込み、艦をソリに載せて、人牛一体となってこれを曳《ひ》かせます。

為せば成る。

「不可能」と言われた戦艦越丘作戦は見事大成功。

これにより、一夜明けたら、金角湾《ゴールデンホルン》に70隻ものオスマン艦隊が並び、ビザンツ帝国は仰天！

「なぜオスマン艦隊がここにいる!?」

これを契機にコンスタンティノープルの防衛態勢に綻《ほころ》びが生まれ、まもなく陥落することになります。包囲を開始してからわずか2カ月後のことでした。

こうして、初代オスマン1世以来、夢にまで見たコンスタンティノープルが手に入ったのです。

あのナポレオンもやってしまった愚策

最後に、悪い例も簡単に挙げておきます。

それこそがロシア遠征中のナポレオン。

遠征中、無敵ナポレオン軍に懼れをなしたロシア軍は逃げ回っていましたが、唯一、正面から挑んできたのがボロディノの戦でした。

戦ってくれないロシア軍に業を煮やしていたナポレオンにとって、これが唯一の勝機となった戦いです。

ナポレオン軍13万、ロシア軍12万。

両軍決死の激戦が繰りひろげられましたが、ついにロシア軍が堪えきれなくなって撤退を始めたとき、ナポレオン軍も疲弊しきっていて追撃できるような状態ではありませんでした。
前線からは、ナポレオンの下へ矢のような催促がやってきます。
「敵が退き始めましたが、我々にはもう追撃の力はありません！
今こそ温存しておいた近衛兵に追撃させてください！
そうすれば、やつらを潰滅させられます！」
ところが。
このころのナポレオンは驚くほど優柔不断。
――ならぬ。
これはモスクワまで温存する。
現有兵力で追撃せよ。
前線ではこの決定に愕然！
「温存!?　この状況で使わずして、陛下はいつ使うつもりだ!?」
前線では怒りがぶちまけられますが、決定は覆らず。
結局追撃はできず、日が傾いてきました。
すると、この段になってナポレオンが口にする。
――やっぱり……近衛軍を投入しようか……？

これには側近が仰天。

「はあ!?　今さら!?　もう遅い!!」

小出しに遅出し、悪手のオンパレード。

軍神のような采配ぶりを発揮したナポレオン本人とは信じられぬほどの、ひどい采配でした。

『〝次〟のことは〝次〟に考えよ。』

人はどうしても「次」のことまで考えて、手元に力を残したいという心理が働くものです。

先のことまで考えて〝先手〟を打つということは大切です。

しかしながら、それとて「今」目の前の問題を解決することを前提としての話です。

〝先手〟を考えて、それが「小出し遅出し」になってしまっては本末顚倒《てんとう》、「次」は来ません。

百戦百勝の軍神ナポレオンですら、この愚を犯し、それが彼の没落の原因となってしまいました。

——胡麻の油と百姓は搾れば搾るほど出る。※14

この言葉は、人間の「底力」にも当てはまります。

人間、どうしても「次」への余力を残しておきたいと、「今」に全力を出すことに不安を感じるものですが、どうしてどうして、人は全力を出し切ったつもりでも「次」になれば、自分でも驚くほど力が出せるものです。

毎回毎回「次」のことは考えず、「今」に全力を出し切る。

これこそが勝利の秘訣なのです。

※１　本文に挙げた帝国の中では明・清が３００年で比較的長期政権ですが、漢は前漢・後漢に分かれ、実質的にはそれぞれ２００年ほどでしたし、ローマ帝国も、後半は「ローマ帝国」とは名ばかりの収拾のつかない混乱期でした。

※２　ニコポリス十字軍。イギリス・フランス・ドイツ・ルクセンブルク・ポーランド・ハンガリー・ワラキア・ヴェネツィア・ジェノヴァ、その他諸々連合軍。

※３　１３９６年ニコポリスの戦。

※４　現在のトルコ共和国の首都。

※５　あくまでもオスマン帝国から見て、ということですが。

※６　回復…「回」は方向転換を表し、衰えたものを元の状態に戻すこと。
例「病気回復」「疲労回復」
恢復…「恢」は広さや大きさを表し、失ったものを取り戻すこと。
例「失地恢復」「名誉恢復」
現在は「回」が濫用されていますが。

※７　数え。満なら19歳。

※８　当時のキリスト教世界では、コンスタンティノープルの人口の10分の１規模の都市すらありませんでした。

※９　もちろん先代側近の意見が正しく、新米社長が間違っている場合もありますから、あくまで「新社長目線から見れば」ということですが。

※10 チャンダルル家は、父子3代にわたって宰相を務めた名家であり、他の支配者層との結びつきも強く、隠然たる力を持っていたため、相応の理由なくして更迭することはできませんでした。

※11 さきほど日露戦争を引き合いに出しましたが、その日露戦争において日本軍自慢の巨砲が「二十八サンチ砲」。
その名の通り、口径が28センチメートルもありましたが、ウルバン巨砲はその3倍近い口径だというのですから、ケタ違いです。

※12 旅順では、第三軍参謀長の伊地知（いぢち）幸介が「正面突撃」に執着し、第一次総攻撃で失敗したにもかかわらず、第二次、第三次とこれを繰り返させ、屍（しかばね）を累々と重ねる結果となっています。

※13 もっとも、オスマンとしても兵站が破綻寸前で、迷っている暇などなかったという事情もありましたが。

※14 将軍吉宗のころの酷吏・神尾春央（はるひで）の言葉。

第9章

小さな躓きは神の助言

――行動を起こそうと思った矢先の小さな躓き。
それは「大きな失敗の兆候」である。

——To be, or not to be, that's the question!

（復讐すべきか、せざるべきか、それが問題だ！）

これはハムレットの有名な言葉ですが※1、人は生きている限り、常にこうした二者択一《オルターナティブ》を迫られる場面に出会うものです。

そして、その選択を間違えるたびに人生が追い詰められていき、正解するたびにそれは好転していきます。

場合によっては、1回の判断ミスで「人生一発終了！」ということもあり得ますから怖いところです。

ほとんどの人は、正しい選択をしたり、誤った選択をしたり、浮いたり沈んだりと、プラスマイナスを繰り返します。

ところが、歴史上の偉人たちの中には、いつも必ず正しい選択を選び、みるみるうちに成功を手にしていく人がいます。

彼らはどうしていつも「正しい選択」がわかるのでしょうか。
たまたま（偶然）でしょうか。
それとも何か見分ける方法でもある（必然）のでしょうか。
しかし、理性的に考えて「どちらが正しい選択か」の判断がつくこともありますが、
やってみなければ絶対にわからないことに直面することもあります。
そうしたときはどうやって〝正解〟を導き出せばよいのでしょうか。

「賽《さい》はすでに我が手を離れたり！」

たとえば。

時は紀元前49年1月10日。

所はルビコン[※2]左岸。

ひとりの男が川を前にして悩んでいました。

政敵ポンペイウスとの対立が深刻化する中、国家反逆罪の汚名を着せられ、本国（元老院）から「武装解除の上、帰国せよ」との命を受けて帰国途上のユリウス・カエ

サルその人です。

「このままおめおめと武装解除してローマに戻れば、政敵どもの陰謀に落ち、国家叛逆罪で裁判にかけられることになるだろう。

しかし、だからといって、武装解除せずこの川を渡れば、祖国《ローマ》はたちまち内乱状態に陥り、阿鼻叫喚の地獄となるだろう」

進むも地獄、されど退くも地獄。

武装解除しなかった場合は内乱となり、武装解除を選んだ場合は裁判に臨むことになりますが、どちらもその後の展開がまったく予測不能でした。

「結果がどうなるかまったく予測できない二者択一《オルターナティブ》」を迫られたカエサルは、悩みに悩んだのち、大博打に出ることにします。


——ここを渡らば、人間世界の悲惨！

ここを渡らざれば、我が身の破滅！

ならば渡るべし！

賽はすでに我が手を離れたり！

この有名な台詞はこのときの彼の言葉で、彼は自分の決断を賽《サイコロ》に喩え、「丁と出るか半と出るかはわからん。だがやってやる！」という意思を示したのでした。結果的に彼は「成功」の選択肢を選んだわけですが、これは「必然」だったのでしょうか、それとも「偶然」でしょうか。

筆者は「必然」と考えます。

では、カエサルはなぜ正しい選択がわかったのでしょうか。

誰しも「ルビコン」に立たされることはあります。

そのとき、どうすれば「正しい選択」を選ぶことができるのでしょうか。

歴史の中にそのヒントが隠されています。

本章では、それを歴史の事例から学んでいくことにいたします。

※1 この言葉の「be」というのはどのようにでも解釈可能な言葉で、これをどう訳すべきかについてはいろいろ言われています。一般的には「生くべきか、生かざるべきか」という訳が有名です。

※2 北イタリアを東西に流れる川。当時は、ローマ本国と属州の国境線となっていました。

15 ヘラクレイオス1世

c.575-641

周りの国が一斉に隆盛期に入る中、黄昏の帝国を守らんと東奔西走、八面六臂に戦った東ローマ皇帝。

興味深いことに、6世紀から7世紀へ世紀が切り替わるころというのは、世界的に見て、ちょうど「混迷の時代」から「隆盛の時代」へと切り替わるころに一致しています。

たとえば、東アジアでは6世紀末まで、永きにわたる混乱[※1]が続いていましたが、まさに6世紀から7世紀へと世紀が切り替わるころ、隋が久方ぶりの再統一を達成（589年）し、7世紀以降の唐（618－907年）による統一王朝時代へとつながっていきます。

南アジアでも、やはり6世紀末まで混乱していた北インドを、ハルシャ・ヴァルダーナ（ヴァルダーナ朝初代）が再統一（606年）し、仏教インド最後の繁栄期に入ったのが7世紀初頭からです。

西アジアは、一応サーサーン朝の統一政権下にある体裁であったとはいえ、やはり6世紀末には国が乱れ、混乱・分裂状態でしたが、ホスロー2世が即位（590年）するやたちまち帝国をまとめあげ、7世紀以降の極盛期へとつなげています。

アラビア半島は砂漠が拡がる貧しい地域で、人類史上これまで一度も統一王朝が生まれたことがありませんでしたが、ムハンマドという一商人が突然「神《アッラー》の啓示を受けた（610年）」と称するや、これがイスラーム帝国大発展の契機となりますが、それがやっぱり7世紀初頭。

このように、どの地域もどの国も、6世紀末までの混乱期から7世紀初頭以降、生まれ変わったように発展・極盛へと切り替わっています。

そんなころに、ヨーロッパ大陸・アジア大陸・アフリカ大陸の三大陸に跨《また》がる大帝国として君臨していたのが東ローマ帝国（ビザンツ帝国）です。

存亡の機に立つ大帝国

しかしこの大帝国も、ご多分に漏れずユスティニアヌス大帝の晩年の6世紀後半から、急速に混迷の途《みち》を辿り、早くもその世紀の末には〝存亡の機〟と言ったほうがよい状態にまで衰えていました。

ユスティニアヌス大帝の時代の無理な軍事行動や建築事業が祟って、※2帝室財政は急速に逼迫していたのです。

加えて、相次ぐ自然災害（アンティオキア大地震）や疫病（ペスト大流行）などによって人口も激減。

人口と財力は「国力」そのものです。

この2つが衰えれば、軍事力も急速に衰えることになりますが、※3弱り目に祟り目、そんなときに東からはちょうど絶頂期に入ったサーサーン朝が、北からはアヴァールが攻めてきます。

まさに危急存亡の秋《とき》。

こんなときこそ、頼りがいのある力強い皇帝が望まれますが、ユスティニアヌス大帝以降の歴代皇帝は、この危機に対処できる器の人物が現れません。

次のユスティヌス2世は精神に異常を来《きた》す。

次のティベリウス2世は帝位を途中で放り投げる。

そしてさらに次のマウリキウス1世の御世には、たかが百人隊長の身分にすぎなかったフォカスの起こした反乱により帝位を簒奪《さんだつ》される有様。

――こんなたいへんなときに、歴代皇帝たちがこれでは……。

新皇帝を待ち構える試練

こうして、帝国民に重苦しい絶望感が拡がる中、「もはやこいつらに任せておられぬ！」と、遥かカルタゴの地から大艦隊を引き連れてやってきたのが本幕の主人公、ヘラクレイオス将軍です。

帝国はこんな有様でしたから、このクーデタはあっさり成功し、新皇帝ヘラクレイオス1世は、帝国民からの期待を一身に受けることになりました。

しかし。

ヘラクレイオス1世の前にはだかる試練は彼の想像を遥かに上回るものでした。

すでに交戦中[※4]だったサーサーン朝は絶頂期。

よく練兵されたサーサーン軍は強く、これに対する帝国軍は哀《かな》しいまでに弱い。

皇帝になったとはいえ、彼はその玉座を温めることもないまま、戦場を駆けまわって奮戦しましたが、その努力もむなしく、まもなく帝国軍は各地で崩壊し始め、613年にはシリア・パレスティナが陥ち、これにより飛地となってしまったエジプトが翌年奪われ（614年）、サーサーン軍はその勢いのまま、ついにアナトリアにまで侵寇してきました。

ここでも帝国軍は為す術なく敗走していき、あっという間にサーサーン軍が帝都コンスタンティノープル目前に迫り来ます。


「城いかに堅固なれども、人の心一ならざれば、これ用を成さず。[※5]」

しかし、そうはいってもコンスタンティノープルは難攻不落の堅城。「そうおいそれと陥とすことはできまい」と思われるかもしれませんが、所詮、城を護るのは「人」です。

堅城稲葉山城（現岐阜城）も竹中半兵衛が率いるわずか16名によって陥とされました。幾重にも濠《ほり》をめぐらせた天下の名城大坂城も淀《よど》殿を守ってはくれませんでした。名君シェール・シャー※6の築いた大要塞ロータス砦も苦もなく陥ちました。

城を護る人の心がバラバラでは、どんなに堅牢な城であろうと何の用も成さないものなのです。


亡命を決意。しかし……


ここまで奮戦してきた彼の心もついに折れ、

――くそ！　もはやこれまで！

軍は崩壊し、ここが陥ちるのも時間の問題！

余は故郷（カルタゴ）へ逃げるぞ！

ありったけの金銀財宝を船に積み込め！

何やらユスティニアヌス大帝のときの「ニカの乱」と同じ様相を帯びてきましたが、[※7]

あのときは「国内叛乱」でしたからまだマシです。

今回は、異教徒・異民族の敵国軍が城内に傾《なだ》れ込んでくる情勢なのですから事態は比較にならないほど深刻。

そのうえ今回はテオドラのような〝女傑〟が現れることもなく、亡命の準備は着々と進められました。

もしこのとき、ヘラクレイオス1世がこのまま亡命していれば、この時点で帝国は亡び、「帝国千年の歴史」は露と消えていたことでしょう。

『流れに逆らう者は必ず亡ぼされる。』

たとえば、海や川で流されたとき、流れに逆らって泳ぐと溺れると言います。
これは歴史にも当てはまることで、歴史にも「流れ」があり、これに逆らう者は必ず歴史によって亡ぼされます。[※8]
たとえば、幕末。

「武士の世」から「近代国家」へと移行する潮流の中で、どうしてもこれを受け容れられない人たちが東北戦争や西南戦争などを起こして抵抗を試みましたが、これも歴史の流れに逆らっていますから、彼らの抵抗が最終的に成功する見込みなど、最初から万にひとつ、億にひとつもありません。

歴史の流れに逆らう者は、歴史によって無情に抹殺されるのみです。[※9]

そして、梵我一如《ぼんがいちにょ》。

宇宙の定理は必ず人の定理にも当てはまるという理念[※10]で、つまり、歴史に〝流れ〟があるのならば、人生にも〝流れ〟はあることになります。

そして、歴史の流れに逆らう者が必ず亡ぼされるように、人生の流れに逆らう者には、たちまち不幸や災いが襲いかかり、その身を亡ぼすことになるのです。

言い換えれば、今現在、次々と不幸や災いが襲ってきている人は、人生の流れに逆らって生きているからです。

その先に待つのは身の破滅。

では、どうすれば〝流れ〟を読み、逆らわないように生きることができるのか。

たとえば、川の流れに逆らって歩こうとすると、足が重いものです。

その逆に、流れに沿って歩けば力を入れなくても流れが足の運びを後押ししてくれるのでとてもスムーズです。

「行動を起こすときは、〝神の助言〟に耳を傾けよ。」

人生も同じです。

人生の〝流れ〟に沿った行動をとれば、周りの存在すべてが味方になったかのようにそれを後押ししてくれますし、逆らう行動をとろうとすると、たちまち周りのすべてが敵にでもなったかのように、妨害・障害が入るものです。

この妨害・障害を「神の助言」と心得、真摯に耳を傾けるならば〝流れ〟を感じることができるようになります。

古人も多くの人がここに気付いていました。

したがって、何か事を起こそうと思った矢先に〝躓《つまず》き〟があると、

――ケチがついた！

――験《げん》が悪い！

このように言って予定の行動を中止したものです。

今では「迷信」扱いされていますが、所以《ゆえん》なきことではないのです。

逃げ道は塞がれ、迷いは消えた

話をヘラクレイオス1世に戻しましょう。

彼は亡命の準備を着々と進めていましたが、ここで宮廷に激震が走ります。

家臣が帝の下へ報告にきたときのこと。

――余の命令通り[※11]、財宝を残らず艦《ふね》に積み込んで故郷《カルタゴ》に送り出したか⁉

「……御意」

――よし！　もはや一刻の猶予もならん！

では余もただちに艦に乗り込むぞ！

ところが、家臣はなぜか帝の歩みを制して言葉を続けます。

「陛下。実はその……

確かに陛下のお申しつけ通り、財宝のすべてを艦に積み込んで艦を送り出しました。

しかし、今しがた連絡が入り、その艦が出港まもなく転覆したとの報告が……」

なんと！　帝国の財宝はすべて海の藻屑《もくず》に！

「財宝の重みに耐えかねた模様にて……」

事を起こそうと思った途端の躓き。

これこそ日本風に表現すれば「ケチがついた」「験が悪い」であり、キリスト教風に表現すれば「神の御意志」です。

天を仰いだヘラクレイオス1世はこう咆哮《ほうこう》します。


——おお！　なんたることじゃ！

これは〝神の御意志〟であろうか！

神は「逃げてはならぬ」と仰せか！

帝国を異教徒どもから守るべし、と！


こうしてヘラクレイオス1世は、宝艦の沈没を〝神の御意志〟と受け止め、戦うことを決意します。

人間、逃げ道があると、そこから逃げたいという気持ちを抑えがたく、とても弱くなるものですが、その逃げ道を塞がれると驚くほど強くなるもの。

「迷いこそ解決策を覆い隠す霧。霧が晴れれば出口も見えてくる。」

そして、逃げ道が塞がれ、迷いが消えた途端、目の前の霧が晴れるように、今自分が何をなすべきかがはっきりと自覚できるようになるものです。

ヘラクレイオス1世もそうでした。

彼のそこからの活躍はまさに八面六臂。

逃げずに立ち向かう覚悟を決めたならば、まずは崩壊した軍を再編成せねば！

しかし、それには何をおいても財源！

今の帝国にそんな財源、どこをどうひっくり返してもありません。

そこで彼は、帝国民へのパンの無償支給[※12]を停止！

これには、帝国民のすさまじい反発が予想されましたから、腹をくくる前の彼には思いも付かぬ策でしたが、事ここに至らば、背に腹は替えられません。

こうして叛乱覚悟で実施してみたら。

意外なほどあっさり帝国民はこれを受け容れてくれました。

身構えていたヘラクレイオス1世も拍子抜け。

「ならば！」と、それまで〝聖域〟として手をこまねいていた教会財産の没収も強行！

これにはさすがに抵抗はありましたが、さしたる抵抗にも発展せず、財源の確保に成功します。

「帆に風を受けよ！ さすればどんな巨船も進む。」

びくともしないような巨大な艦も、帆を揚げ、風の流れを受ければ、おどろくほどすいすい進むように、〝流れ〟に乗っているときというのは、どんなに困難と思えた事業もおどろくほど簡単に実現することができるものです。

このときのヘラクレイオス1世も、「どうせできっこない」と思っていた強引な策が次々と成功し、不可能とも思えた軍の再編成にあっさりと成功します。

これこそ〝流れ〟に乗れている証拠です。

それから彼は6年間にもわたってほとんど帝都に戻ることもなく、戦場を駆けずり回ります。

その精神力たるや、「これが一時は帝国を見棄てて逃げ出そうとしていた軟弱皇帝か？」と目を疑うほど。

これが〝覚悟を決めた人間〟の底力であり、〝流れに乗っているとき〟の勢いです。

こうして、一時は帝都とその周辺以外のほとんどの帝国領を失い、まさに滅亡寸前まで追い込まれていた帝国は、その失った領土のほぼすべてを奪還するまでに勢いを取り戻します。

素晴らしい大戦果！　信じられない逆転劇！

ヘラクレイオス1世は、6年の転戦ののちようやく都へ戻り、市民の熱狂の中で凱旋を果たしました。

もし、あのとき宝艦が沈んでいなかったら。

たとえ沈んでいても、彼がこれを〝神の助言〟と受け容れず、無一文のまま亡命を強行していたら。

彼に今日のこの晴れ舞台は来なかったどころか、帝国は亡び、彼のその後の人生も悲惨なものとなっていたことでしょう。

常に自分の周りに流れる〝気流〟を読むこと。

〝神の助言〟に耳を傾けること。

そうしたことが非常に大切だと、彼の人生は教えてくれます。

本章の前文で触れたようにユリウス・カエサルがルビコンの前に立ち、

――渡るべきか、渡らざるべきか。

この決断に迫られたときに、彼が正しい決断ができたのも、その後の快進撃を鑑みれば、こうした〝風〟を感じ取り、〝神の助言〟を聞いていたからに違いありません。

※１　魏晋南北朝のこと。後漢滅亡（２２０年）から隋による再統一（５８９年）までの約４世紀。

※２　古代ローマ帝国再建を夢見た大征服戦争や、聖ソフィア大聖堂の再建など。

※３　軍隊というものは潤沢な人とカネを必要とします。

※４　ビザンツ・サーサーン戦争のこと。（６０２－６２８年）

※５　竹中半兵衛の言葉。

※６　インド史上「最高の名君」との誉れ高きスール朝の初代皇帝。一時、ムガール帝国を滅亡に追いやったものの、彼の死後、帝国は急速に崩壊しました。

※７　「第２章第１幕」を参照のこと。

※８　「例外のない規則はない」というほど物事には例外が付き物ですが、こればかりは例外はありません。

※９　歴史の流れに逆らうことは、巨大津波を仁王立ちして食い止めようとしている人にも似ています。まったく不可能です。

※10　ウパニシャッド哲学の思想。

※11　まずは金銀財宝を満載させた艦を先遣隊としてカルタゴへ送り、それを見送ったあとからヘラクレイオス１世もカルタゴへ向かう予定でした。

※12　当時ローマでは、帝国が貧民たちに無料で「パンとサーカス」を提供する習慣がありました。

第10章

囲む師は必ず闕《か》く

――窮鼠は猫を噛むもの。
あえて敵に逃げ道を与えることが楽に勝つコツ。

東洋を代表する兵法が孫武の『孫子』なら、西洋を代表する兵法はクラウゼヴィッツの『戦争論』です。

両者を比較してみると同じ兵法として共通点も多く見られるものの、やはりヨーロッパ人とアジア人の価値観の違いを反映して、その根本を流れる精神は大きく違います。クラウゼヴィッツの兵法は、その根底に「戦って勝つ！」「敵兵力の殲滅！」という理念が脈々と流れています。

——百戦百勝は善の善なる者に非ざるなり。
　戦わずして人の兵を屈するは善の善なる者なり。

こう教える『孫子』とは大違いです。

ナポレオンが「戦わずして勝つ」という発想をどうしても持てずに自滅していきま

したが、それもこうした民族の価値観がその背景にあったのでしょう。

敵を倒さんとするとき、

――中途半端な攻めをして敵を取りこぼせば、逃げた敵が復讐に燃えて再結集し、手痛いしっぺ返しを喰らうやもしれぬ！

よって、敵を殲滅し、将来の禍根まで一気に断つのが良策！

と言われれば、一理あるようにも聞こえます。

しかし、これは賢いやり方とは言えません。

「死して再び生きずとなれば、窮鼠も却って猫を噛む。」

包囲され、退路を断たれた者は、それこそ死に物狂いになって抵抗してくるものですが、これが非常に厄介なものです。

平時、人はたとえ本人が全力を出し切っているつもりでも、実際には80％程度の力しか出せていないと言われています。

たとえば、車のエンジンを全開にすれば、すぐにエンジンが焼き切れてしまうのと同じで、人間も安易に全力を出すとすぐに体が壊れてしまうため、脳が制御をかけているためです。

しかし、死に瀕《ひん》したときにはそんなことは言っていられません。

人間の脳は、死を感じとるとこの制御を外すため、人は常人離れした力を発揮するようになります。

敵兵全員がリミッターを外して抵抗してくれば、下手したら逆転負け、たとえ勝てたとしても味方陣営に甚大な損害を出すことになります。

これを繰り返せば、たとえ、一度二度、敵を殲滅することに成功したとしても、自軍も大きく損耗し、新たな敵を前にして、次は自分が「殲滅」される番となります。

たとえば、食物連鎖の頂点に君臨する肉食動物も、そのイメージとは裏腹にたいへん〝臆病〟です。

狩りの際、獲物から激しい抵抗を受けた場合、意外とあっさり諦めます。

無理をしてケガでも負ってしまい、次の狩りのときに走れなくなったら、そのまま死に直結するからです。

「獲物を倒すこと」より「ケガをしないこと」に最善を尽くすことが最終的に生き残る秘訣なのです。

兵法も同じ。

「敵を殲滅すること」より「自軍の損耗を最小限に抑えること」が最終的に生き残る極意となるのです。

ヨーロッパ人はこうした理が理解できず、「戦って勝つ」「敵の殲滅」を旨として戦争を繰り返した結果、結局、二度にわたる総力戦（世界大戦）を招いて、自滅していきました。

第一次世界大戦でも第二次世界大戦でも〝戦勝国〟となった英仏もその後は衰える一方。

目の前の小さな戦いに勝利を得ても、結局は身を亡ぼす。

大局がまるで見えていない戦い方なのです。

本章では、戦国の三英傑を通じて、この点について学んでいきたいと思います。

16 豊臣 秀吉

1537-1598

戦国時代の武将。三英傑のひとり。
足軽または貧農の身分から身を起こし、
人臣最高位の太閤まで昇り詰めた天下人。

——織田が搗《っ》き
羽柴がこねし天下餅
座りしままに食らう徳川

江戸時代末期の詠み人知らず※1の落首ですが、不如帰《ほととぎす》の歌同様、うまく三英傑を表現した歌です。

戦国の世を終わらせる一歩手前まで来ながら、本能寺に斃《たお》れた信長。

足軽[※2]から身を起こしながら天下人まで昇り詰めることができた秀吉。

この差はどこにあるのでしょうか。

もちろんその理由は多元的複合的ですが、本幕では「囲む師は闕《か》く」という視点からこれを見ていきます。

信長の〝餅の搗き方〟

信長は天才肌・激情型・猪突猛進。

秀吉は努力家・人情型・熟慮断行。

どこから見ても対照的な2人ですが、もっと根底的な視点からみれば、信長はその行動様式《エートス》がたいへん遊牧民的で、秀吉は農耕民的です。

たとえば信長は、浅井・朝倉氏を亡ぼすや、その髑髏《しゃれこうべ》に金箔を貼って盃《さかづき》とし、祝杯を挙げていますが、これは遊牧民の習慣のひとつです[※3]。

家臣たちはドン引きしていますが、信長はまるで意に介しません。

戦の基本理念も遊牧民と農耕民とではまったく違います。

遊牧民は敵を根絶やしにするまで戦うことを旨とし、農耕民は主君さえ倒せば民は安堵《あんど》させるもの[※4]ですが、その点においても、やはり信長は遊牧民的であり、秀吉は農耕民的でした。

信長は、伊勢長島を10万の兵で包囲すると、城[※5]をひとつ陥とすごとに城内の者すべて、女子供を問わず皆殺し！　比叡山や石山でも同じような按配でした。

こうした信長のやり方は日本人の価値観にそぐわず、当時から非難の的となって、冷酷・非道・残忍・無慈悲……と、その評価は散々となります。

しかしながら。

「創造者たらんとする者は、まず破壊者でなければならない。」

この言葉はドイツの哲学者　F《フリードリヒ》・ニーチェの言葉です。

たとえば「新しい建物」を建てようと思ったら、その前にどうしても「古い建物」を取り壊さなければならないように、新しき時代を創造せんとする者は、まずその前に〝旧き時代の遺物〟を破壊しなければなりません。

ヒンドゥー教の教えでも、我々の住む世界（宇宙）が生まれ変わるとき、シヴァ神が目覚め、旧世界を灰燼《カオス》と化すまで破壊し尽くしたのちに新世界の創造を始めると教えています。

信長の野望「天下布武」は、この長く続いた戦乱の世（旧時代）を終わらせ、天下統一（新時代）を創造しようとするものですから、彼に与えられた歴史的役割は、彼自身が「破壊者《シヴァ》」となって〝旧き世の遺物〟にしがみつく輩を徹底排除することです。

信長が好むと好まざるとにかかわらず。

彼の一見残忍非道と見える所業も、そうした〝大きな視野〟から見れば、致し方ない側面もあったのです。

逆に、それができない者に〝新時代の創造者〟たる資格はありません。

武田信玄や上杉謙信らが、ともに「戦国最強」と謳われるほどの軍団を擁しながら天下を獲ることができなかった最大の理由がそこにあります。

彼らは信長のような「破壊者」になれなかったのです。[※6]

『新雪の原を往くは苦難なれど、生きる歓びを実感できる歩み。』

新雪の積もった白銀世界を自分の足で一歩一歩踏みしめながら〝我が道を往く〟のはたいへん心地よいものです。

自分の前に道はなく、自分の後ろに道ができる。

他の者は自分の作った道をたどってあとからついてくる。

しかしそれには、雪面を自分の足で踏み固め、道を作りながら進まなければなりませんから、たいへんな労力を要し、たちまち体力を消耗してしまいます。

これと同じように、「新時代」を切り拓かんと進む信長の前に、「旧時代」にしがみつく者たちが立ちはだかり、織田軍を消耗させていきます。

そのうえ、ひとつの敵を亡ぼすことに成功したとしても、各方面に怨みや反発を買って、別の新たな敵を作る結果となり、倒しても倒しても新たな敵が次々と現れ、織田軍は損耗を重ねながら厳しく苦しい戦いを続けざるを得なくなります。
これは、第3章で学んできた孫子の兵法、
――百戦百勝は善の善なる者に非ざるなり。
戦わずして人の兵を屈するは善の善なる者なり。
とは真逆な展開となるため、その戦いの先にあるのは「破滅」です。

「武をもって制した者は、武によって制せられる。」

たとえば、信長のように「武を以て天下を制す（天下布武）」道を選んだ人物として、中国には項羽、ヨーロッパにはナポレオンがいますが、この2人もまた、卓越した軍事力で勝利を重ねながら、戦えば戦うほど敵が増え、包囲網が築かれ、味方は消耗する一方で、勝てば勝つほど戦況が悪化していったものです。

信長もまた、何度も包囲網を築かれ、絶体絶命の窮地に陥っていますが、そのたび

に彼は持ち前の〝強運〟でこれを切り抜けながら、進み続けました。※7

しかし天下が目の前にまで迫ったそのとき、信長に生じた一瞬の油断を突かれ、彼は本能寺に散ることになります。本能寺の変の直接の原因は現在に至るまでわかっていませんが、大局的にはこうした信長のやり方に対する不満が方々に拡がり、それが巡り巡って起きたことと言ってよいでしょう。

信長の場合、「天下布武」のためにはある程度致し方ないとはいえ、やはりこうした「敵を殲滅する」というやり方は、一時的に奏功するように見えても、長い目で見れば、結局我が身を亡ぼすことになる、ということを歴史は語っています。

秀吉の〝餅のこね方〟❶

これに対し、秀吉は信長とは対照的です。彼の言葉に、こんなものがあります。

「敵の逃げ道を作ってから攻めよ。」

彼は、信長のように「敵を殲滅しよう」とはしません。

攻めるにしても、まず「逃げ道」を作ってやってから攻める。[※8]

たとえば、会社などで部下が遅刻をしてきたとき。

部下「遅刻してすみません！　実はその……」

上司「黙れ！　いい大人が言い訳しようとするな！

遅刻といい、言い訳といい、君は社会人としての自覚が欠落しているな！」

このように頭ごなしにやってしまいますと、逃げ場を失った部下は、反省するどころか、反発心を抱いてしまうものです。

そこは怒りをグッと堪《こら》えて、言い訳を聞いてやってから、

「そうか。だがそれは、こうしていれば避けられたはずだな？

今回は大目に見るが、次回からはこんなことがないように」

こうして〝逃げ道〟を作っておいてあげることによって、部下も素直に反省するものです。

閑話休題。

１５８２年、秀吉が備中高松城[※9]（毛利勢）を攻めあぐねていたときのこと。

ある急報に秀吉は愕然とします。

——上様（信長）、本能寺にて討死《うちじに》！

秀吉はただちに毛利と和睦し、京へと急ぎます。

これがあの有名な〝中国大返し〟で、秀吉軍は、京の入口に当たる山崎（淀川と天王山に挟まれた隘路）でこれを迎え討たんとする明智軍と決戦となりました。

所謂「山崎合戦（天王山の戦）」ですが、秀吉軍の想定外の軍事行動に、準備不足の明智軍はまもなく総崩れを起こし、後方の勝龍寺《しょうりゅうじ》城に立て籠もります。

しかし、このときすでに秀吉軍も満身創痍《そうい》。

崩壊する明智軍の追撃すらままならない状態でしたが、ここでもし総大将が信長なら「勝龍寺城を包囲し、一兵残らず皆殺しにせよ！」と命じたところでしょう。

ところが秀吉は黒田官兵衛の献策もあって、わざと坂本城[※10]の方角の包囲を解かせます。もしここで完全包囲、総攻撃を命じていれば、明智軍も死に物狂いで抵抗したでしょう。たとえ目的を達したとしても自軍の損耗も著しかったに違いありません。

しかし、人間、逃げ道があればどうしてもそちらへ心が向くものです。

包囲が解かれたことで、明智軍は最後の抵抗の意志が殺がれ、わらわらと坂本城方面へ遁走《とんそう》し始め、あっという間に軍は消滅してしまいました。

これぞ、孫子のいう「戦わずして勝つ」です。

山崎合戦を制した秀吉は、一気に天下人への階段を駆け上りました。

秀吉の〝餅のこね方〟❷

「お館様（信長）の仇討ち」に成功した秀吉は、織田家重鎮の中でも一気に発言権を増し、織田家跡継ぎを話し合う清洲会議でも、秀吉の推す三法師《さんぼうし》（信長の嫡孫）に家督を継がせることに成功しました。

これまで織田家家老筆頭だった柴田勝家は、農民あがりの秀吉の後塵を拝することを潔しとせず、翌年、賤ヶ岳《しずがたけ》で秀吉に挑みましたが、敗れて自刃。

こうして、秀吉の天下が揺るぎないものとなっていくと、これを快く思っていなかった2人の人物が手を結びます。

信長の次男であるにもかかわらず、農民あがりの秀吉に家臣扱いされ、本能寺後の居城安土城からも追い出されていた織田信雄《のぶかつ》と、やはり農民あがりの秀吉の軍門に下ることを潔しとしなかった徳川家康。

彼らが手を組み、秀吉に挑んできました。

決着を付けんと、秀吉が繰り出した兵は10万、対する徳川軍1万6０００が犬山城と小牧城に陣取って睨み合います。

これが小牧・長久手の戦です。さすがに古狸家康、賤ヶ岳のときとは違い、戦いは一進一退の攻防が続き、膠着化《こうちゃくか》。

その間、秀吉側は4人もの将を討ち取られ、あまり好ましい戦況とは言えませんでしたが、やはり兵力・財力ともに徳川を圧倒していましたから、[※11]たとえ緒戦に敗れたにせよ、徹底的に戦えば秀吉は勝てたでしょう。

しかし、戦が長引けば長引くほど、大軍を擁しているだけに兵站は悲鳴を上げ、他の大名の動向も怪しくなり、たとえ勝ったにしても秀吉の傷も深いものになります。

やはりここは、秀吉〝伝家の宝刀〟、「欠囲の陣」。

敵に逃げ道を作ってやることで、その結束を弱める。

ただし、今回は「戦術」ではなく「外交」で。

秀吉は信雄に接近し、「伊賀・伊勢の領国の半分を安堵《あんど》」することを条件に講和を持ちかけます。実は秀吉、尾張でこそ家康に後れをとったものの、伊賀・伊勢（信雄の領国）では快進撃を続け、次々と城を陥としていました。

すでに信雄の心は折れかけていましたが、それでも頑として降伏しなかったのは、ここで降伏してしまえばすべての所領を没収されてしまうと思ったが故。

追い詰められていた信雄は、所領安堵を願って必死に家康にしがみついているだけの状態だったのです。

そこに秀吉が現れて「伊賀・伊勢の半分を安堵する」というのです。

こんなにおいしい条件はありません。信雄は家康に何の相談もなくこの条件に飛びつきます。こうして、空けられた「穴」から早々に逃げ出した信雄。

こうなれば、大義名分を失った家康も撤兵せざるを得ません。

やはり、家康より秀吉のほうが一枚上手だったというわけです。

家康の〝餅の食らい方〟

しかし、秀吉なきあとの豊臣家は、ほどなく徳川によって亡ぼされることになりました。

このときの「大坂の陣」でも、この「欠囲の陣」が効果を発揮します。

家康はまず「冬の陣」で濠を埋めさせましたが、にもかかわらず、「夏の陣」では徳川陣営は包囲態勢をとりませんでした。

埋めた外濠よりはるか南方に布陣します。

これでは、せっかく外濠を埋めさせた意味がないのでは!?

しかし、こうして城の北側をガラ空きにしておく（欠囲）ことで、戦況が不利になった途端、城を護るべき将兵たちがわらわらと城を棄てて逃げ出します。

ひとたび均衡が破れるや、豊臣陣営が一気に総崩れを起こし、攻城戦すらまともに行われぬまま落城したのは、「冬の陣で濠を埋めておいたから」というより、この「欠囲の陣」の効果が大きいものだったのです。

こうして、戦国の世は、織田から豊臣を経て、徳川の世へと収束していくことになりました。

「我、事において後悔せず！」

こうして歴史に鑑みるに。

「包囲殲滅」をしかけた織田信長が志半ばで斃《たお》れ、「欠囲の陣」を以て臨んだ豊臣秀吉・徳川家康に天下が転がりこんでいますから、やはり「欠囲の陣」こそが優れた戦術だということがわかります。「包囲殲滅」は、たとえそこで勝利したとしても結局は身を亡ぼす結果につながるのです。

しかし、だからといって、信長が秀吉より戦術的に劣っていたかというと、そういうことにはなりません。

先ほども触れましたように、信長は新時代を切り拓く「破壊者」としての歴史的役割を自覚していましたから、彼にはこの方法しかなかったのです。

仕方がないといえば仕方がないといえます。

それを証明するような言葉があります。

さきに、彼と同じように、「武によって覇を唱え、武によって亡んでいった」人物として「項羽」と「ナポレオン」を挙げましたが、信長も含めた彼ら3人が〝死に臨んで遺した言葉〟が三者三様でとても興味深いので紹介しておきましょう。

ナポレオンは息子（ナポレオン2世）への遺言の中で反省の弁を述べています。

――息子よ、私のまねをしてはならない。

ヨーロッパは理性によって心服させるべきであって、

武によって征服しようと思ってはならない。

これとは対照的に、項羽はまったく反省していません。

――力山を抜き　気は世を蓋《おお》う（力も気力も、私の右に出る者はいなかった！）

時利あらず　騅《すい》逝かず[※12]（しかし、武運拙く、愛馬も走ってくれない）
騅逝かざるを奈何すべき（愛馬が走ってくれないのだから私のせいではない！）
死に臨んで、断固として自分には一点の落ち度もないと言い張り、しかも、その責任を他者（武運と愛馬）に押しつけています。
では、この2人に対して、信長はどちらだったのでしょうか。
実は、「反省」でも「居直り」でもありません。彼の最期の言葉はひと言。
――是非に及ばず！（仕方あるまい）
ナポレオンのように、己のしてきた所業に反省はない。
しかし、項羽のように言い訳がましいことも言わない。
ただ己の為してきた所業の結果のすべてを受け止めた言葉が「是非に及ばず」。
――ああするしかなかったからああしたのであって、他に道はなかった。
それがこういう結果になったというのであれば、それは仕方ないではないか。
この想いが彼の口をついて出た言葉が「是非に及ばず」ではなかったでしょうか。[※13]
――我、事において後悔をせず。（宮本武蔵『独行道』）
人はときに「間違ったやり方」だとわかっていても、立場上、そうしなければならないことがあります。しかし、常に信念を以て事に当たるならば、どんな結果になろうとも、そこに反省も言い訳も生まれないものです。

※1　明らかに徳川家康を嘲っているため、作者がわかってしまうと幕府から処罰されてしまいます。

※2　彼の出自については、実際のところよくわかっていません。貧農説、富農説、町人説、果ては天皇の御落胤説まであります。

※3　匈奴（きょうど）の冒頓単于（ぼくとつぜんう）が月氏（げっし）国王に対して、サファヴィー朝イスマーイール1世がシャイーバニー朝汗に対して、ランゴバルド王アルボイーノがゲピド王に対してやっていますが、すべて遊牧民系です。農耕民でこれをやったのは織田信長くらいのものです。

※4　こうした価値観は将棋にも表れています。日本の将棋は、取った敵駒を自分の駒として使用することができます。
これは実際の戦においても敵を殲滅せず、味方として取り込むからです。
これに対して、遊牧民族発祥のチェスは取った駒は二度と使用しません。
彼らは討った敵を皆殺しにするからです。

※5　具体的には、大鳥居城、長島城、中江城、屋長島城など。
一説（フロイス）には、叛徒が降伏すると見せかけて襲撃してきたため、これに対する報復とも言われています。

※6 武田信玄は守護。上杉謙信は守護代、関東管領。ともに旧時代（室町幕府）の支配システムの中にどっぷりと浸かっており、そのしがらみの中でしか生きることができない人物でした。

※7 たとえば、武田信玄や上杉謙信が上洛しようとしたときも、信長は窮地に陥っていますが、そのたびに信玄、謙信両名とも上洛直前で急死するという〝強運〟を以て事なきを得ています。

※8 「秀吉だって三木城や鳥取城を完全に包囲して〝飢（かつ）え殺し〟にしているではないか！」という声が聞こえてきそうですが、あれは敵が降伏しないからです。
「降伏すればすぐに包囲を解いて食糧を与える！」と敵に通達して〝逃げ道〟を作ってあります。

これに対して、信長の場合は「降伏すら許さず皆殺し」です。

※9 「実は秀吉は本能寺の変をあらかじめ知っていた」とか「秀吉は光秀の共謀者だった」との説もあるにはありますが、まあ、俗説・珍説の類です。

※10 明智光秀の居城。

※11 羽柴秀吉…20カ国　徳川家康…5カ国　織田信雄…3カ国

※12 「騅」というのは、項羽の愛馬。

※13 実際のところ、信長最期の言葉「是非に及ばず」の真意は「彼のみぞ知る」であって、他の誰にも知り得ません。
ただ、筆者は本文で述べたような意味だと理解しています。

第11章

押さば引け、引かば押せ

――敵が強大であるとき、正面から戦うのは愚。勝機が来るまで堪え忍ぶことが肝要。

歴史を学んでいますと、小軍で大軍を打ち負かすシーンがよく出てきます。
これは読んでいて痛快ですので、ついつい自分もあやかりたくなります。
しかし。
そもそも強大な敵とは戦うべきではありません。
孫子もこれを厳に戒めています。

「少なければ則《すなわ》ち能《よ》く之《これ》を逃《のが》れ、
若《し》かざれば則ち能く之を避《さ》く。」

——自軍兵力が少ないときには退却せよ。

戦力に差がありすぎるときは、そもそも戦闘に入ること自体を避けよ。

常勝の秘訣は、自分より強い者と戦わないこと。

常に自分より弱い者と油断なく戦うことです。

「そんなこといちいち孫子に改めて言われなくたって誰でもわかりきっている！

でも、こっちが戦いたくなくたって、強大な敵が問答無用で戦いを挑んできたときはどうすればよいのだ！」

そういうときこそ、これまで見てきたような兵法を駆使して戦います。

そうすれば、大敵を破ることも決して不可能なことではありません。

ただし、ここで心しておかなければならないのは、こうした兵法が奏功するのは、必ず敵が無能か、または油断している場合だけです。

将棋と同じで、兵法の一手には「これを実行すれば必ず勝てる」という万能な一手は存在しません。

どんな手にも必ず返し（対処法）がありますから、敵に適切な返しをされれば、どんな兵法も無効化されてしまいます。

となれば、あとは兵力のみがモノを言うため、小軍は敗北せざるを得ません。

「諸葛亮の失敗に学べ。」

たとえば、『三國志』の軍師、諸葛亮（孔明）はたいへん優れた軍師で、南征（南蛮との戦い）においては大きな戦果を挙げましたが、北伐（曹魏との戦い）においては思うような戦果を挙げられぬまま、志半ばで逝きました。

その結果だけを見て、「諸葛亮もたいしたことないな！」と囁《ささや》かれることもありますが、それは軽々に断じられることではありません。

諸葛亮がどれほど優秀であったとしても、敵方が大軍で、優秀かつ油断せずに臨んだならば、これは如何ともし難いためです。

南中には優れた軍師がいなかったから、諸葛亮の策が当たったにすぎません。

一方、曹魏には諸葛亮に比肩する軍師・司馬懿《しばい》がいた上に、しかも大軍を擁しています。

諸葛亮が食い入るスキがあるとすれば、あとは司馬懿が油断してくれることだけでしたが、司馬懿は諸葛亮を懼れていましたから、油断など微塵もありません。

これでは、どんな天才軍師だろうと、どうしようもなかったでしょう。
では、こうしたとき、どう対処すればよかったというのでしょうか。
本章ではこの点について学んでいくことにいたします。

17 タフマースブ1世

1514-1576

**サファヴィー朝ペルシア帝国の第2代皇帝。
父帝の死により、10歳で即位。
混乱する帝国を安定に導いた名君。**

16世紀初頭。

現在のイランにあたる地には「サファヴィー朝」が君臨していましたが、王朝はまだ建国まもないというのにはやくも国家存亡の機にありました。

東からはシャイバーニー朝[※1]が侵寇を繰り返し、西からはオスマン帝国が睨みを利かせていたためです。

初代、イスマーイール1世の驕り

サファヴィー朝第2代タフマースブ1世が生まれた年（1514年）は、初代イスマーイール1世（タフマースブの父）がオスマン帝国と一大決戦※2した年でしたが、完膚なきまでに敗れ去っています。

イスマーイール1世といえば、7歳で教主※3となり、14歳で王朝を打ち立てて以来、20年にわたって一度たりとも戦争で負けたことがない〝不敗伝説〟をもつ皇帝です。

しかし。

「第3章」で見てまいりましたように、勝ちすぎることはロクな結果を生みませんし、「第1章」で見てまいりましたように、試練や挫折を経験することで人は打たれ強くなります。

若いころに順風満帆な人生を歩んできた人のほうが殆《あや》うい。

物心ついたころから20年にわたって連戦連勝だったことは彼を慢心させ、傲慢にさせ、オスマン帝国軍が20万の大軍と近代兵器でチャルディラーンに進軍してきたとき、イスマーイール1世はわずか1万2000の騎兵しか集めることができなかったにもかかわらず、まったく危機感をもつことができませんでした。

――我こそは救世主《マフディー》！

敵がどれほどの大軍であろうと負けるはずがない！

危機感を持った側近のひとりが※4「我が軍は圧倒的に不利！　夜襲を掛けましょう！」と進言したにもかかわらず、皇帝はこれを無視。

――これは皇帝《シャー》と皇帝《スルタン》との誇りを賭けた戦いなのだ！※5

夜襲などと卑怯な手が使えるか！

こうして近代的重火器を装備した20万の大軍に、中世さながらの刀を持った騎馬隊1万そこそこが正面から突撃していきました。

まさに「長篠の戦」の再現……、いえ、それ以上の戦力差に無惨な大敗を喫するのは当然の結末だったと言えましょう。

「若いときの苦労は買ってでもせよ！」

しかし、彼は、この〝たった一度の敗戦〟ですっかり心が折れ、酒に溺れ、自堕落な生活を送った挙句、そのちょうど10年後、[※6]体を壊して亡くなってしまいます。享年37。

若いころに苦労していない者は、いざというときこれほどまでに弱い。

三十六計逃げるに如かず

タフマースブ1世は、その跡を受けてわずか10歳での即位でしたから、新皇帝がまだ子供であることを侮られ、帝国は大きく揺らぎました。

国内では帝国の軍団《キジルバーシュ》が各地で叛乱を起こすわ、対外的にはシャイバーニー朝が侵寇を繰り返すわ。

なんとかキジルバーシュを抑え込み、シャイバーニー朝を撃退することに成功したときには、即位から早20年近くが経とうとしていました。

しかし。

タフマースブ1世には、ホッと胸をなでおろす遑《いとま》も与えられず、さらなる強大な試練が与えられます。

今度は西からオスマン帝国が軍を繰り出してきたのです（1534年）。

しかも、これを率いるは、オスマン600年の悠久の歴史の中で、その絶頂期を現出したスレイマン大帝（在位1520–1566）。

その数9万。

これに対し、タフマースブ1世が準備できた軍がわずかに7000。

これは、野戦はもちろん籠城ですら太刀打ちできない兵力差です。

生半可な兵法もまったく通用しません。

このような難局にあって、どう対処すればよいのでしょうか。

「敗北の中に勝利のヒント在り。」

そのヒントはチャルディラーンにありました。

チャルディラーンではこれ以上ないような大敗であったにもかかわらず、サファヴィー朝は亡びませんでした。

なぜか。

その原因は、オスマンの大軍にありました。

何事も多ければいい、デカければいいというものではありません。

タブリーズに入城を果たしたオスマン軍でしたが、20万という途方もない大軍の駐屯に、これを持て余し、兵站が悲鳴を上げ始めます。

ここは帝都イスタンブールから2000キロメートルも離れた敵地のド真ん中。長戦《ながいくさ》で兵の士気も著しく衰えているのに、今もしここで総反攻でも受けて兵站を叩かれ、包囲でもされたら、オスマン軍は一気に崩壊しかねません。

こうしてチャルディラーンでの大勝利にもかかわらず、オスマン軍は撤退せざるを得なくなったのです。

その反省もあって、今回オスマン軍は前回（1514年）の半分にも満たない9万で攻めてきたのでした。

とはいえ、9万も充分に大軍。[※7]

その大軍が再びサファヴィー朝の帝都タブリーズに迫ってきたのです。

タフマースブ1世は決断します。

――帝都《タブリーズ》を棄てて逃げる！

こうしてタフマースブ1世は一戦も交えることなく、帝都《タブリーズ》も矜持《きょうじ》もかなぐり棄てて400キロメートルも南東のガズヴィーンまで逃げていきます。

「勝てなければ負けなければよい。負けるならば亡びなければよい。」

一見、〝腰抜け〟皇帝のようにも見えますが、これが「正解」です。

人はどうしても「勝たなければ！」という想いに縛られて判断を誤ってしまうことがあります。

相手が自分と対等以下ならそれがプラスに働くこともあるでしょうが、どう足掻《あが》いても勝てない強大な敵が相手の場合、それはむしろ敵の思うつぼとなります。

たとえばボクシングなどでも、弱いほうの選手が気負ってしまい、ガンガン攻めてくれたほうが、相手はむしろ楽に料理できます。

一番やりにくいのは、相手が防御に徹してしまうこと。

こうなると、たとえ力の差があってもなかなか仕留めるのは難しい。

同じように、力量差がありすぎて勝てないなら、負けない策に徹するのです。

もし、それすら無理というなら、今回は負けても亡びない策を考えるのです。

生き延びてこそ、逆転のチャンスは必ず訪れます。

亡びてしまっては何にもなりません。

チャンスは必ず苦難のあとに訪れるのですから[※8]。

外交の勝利のあとの絶頂期

こうしてオスマン軍は、もぬけの殻となった空城タブリーズに無血入城することになりました。

一滴の血も流さずに敵帝都を手に入れたのですから、一見、完璧な形で目的を達成したように見えます。

しかし、空城など手に入れても戦略的に何の価値もないどころか、食糧も何もない空城などいつまでも維持できるものではありません。

オスマン軍は負けていないにもかかわらず、（戦わせてもらえないため）勝つこともできず、今回も撤退を余儀なくされることになります。

こんなことが三度も繰り返された結果、結局サファヴィー朝はイラクからアゼルバイジャンまでの広大な土地を失うことになりました。[※9]

とはいえ。

まともに戦ったのでは滅亡も免れない大国を翻弄し、一部領土の割譲ですんだのですから、これはタフマースブ1世の「外交の勝利」といってよいものです。[※10]

生きていればこそ、取られたものは取り返すチャンスがやってくるものです。

それから半世紀後。

第5代アッバース1世の御世において失地をことごとく恢復し、帝都イスファハンは「世界の半分」と謳われるほど栄え、サファヴィー朝は絶頂期を迎えることができました。

それもこれも、タフマースブ1世の耐忍の対策のおかげだったのです。

※1　モンゴル帝国から分裂してキプチャク汗国が生まれ、そのキプチャク汗国がさらに分裂して青帳汗国が生まれましたが、その青帳汗国の君主シバン家の末裔が建国した国。

※2　チャルディラーンの戦。

※3　サファヴィー朝は宗教教団から生まれた国なので、もともとは「教主」という立場でした。

※4　ムハンマド・ハーン・ウスタージャルー将軍。

※5　日本語では両国とも「皇帝」と訳されますが、サファヴィー皇帝は「シャー」、オスマン皇帝は「スルタン」と称していました。

※6　チャルディラーンの戦が行われたのは8月23日でしたが、彼が亡くなったのは奇しくもそのちょうど10年後の8月23日でした。

※7　「20万」という数字から見ると少なく感じてしまうかもしれませんが、「20万」がケタ外れなだけです。

※8　このことはすでに本書「第1章」で学んできました。

※9　1534年、1548年、1554年の3回。

※10　1555年アマスィヤ条約。

18 徳川 家康

1543-1616

戦国時代の武将。三英傑のひとり。信長が切り拓き、秀吉が安定させた天下を彼が掠めて、世は300年の泰平となる。

もうひとり、例を挙げておきましょう。

前幕は成功した例でしたが、本幕では失敗した例を。前幕のテーマであったタフマースプ1世とスレイマン大帝が争っていたころというのは、日本ではちょうど、鉄砲が伝来（1543年）し、織田信長が家督を相続（15

51年）していたころです。

それからまもなく稲葉山城を陥として「天下布武」を掲げ、のちには比叡山延暦寺の焼き討ちなどをはじめとする数々の「魔王」ぶりを発揮する信長でしたが、その信長が怖れる者がありました。

それが「戦国最強」と謳われた武田信玄と上杉謙信です。

このころはまだ上杉謙信の領国とは離れていましたから当面の脅威ではありませんでしたが、武田信玄とは美濃で国境《くにざかい》を接し、脅威となっています。

今、信玄と戦って勝てる見込みは薄い。

そのうえ当時の信長は、上洛を見据えて心は「西」を向いていたため、「東」の武田と事を構える余裕もありません。

強敵への三つの対処法

そこで信長は、信玄との友好策に躍起となります。

まずは、年頃の娘がいなかった信長は自分の姪（龍勝院）を養女とし、これを勝頼（信玄の嫡子）に嫁がせて誼《よしみ》を深めようとします（1565年）。

ところがそのわずか2年後、龍勝院が亡くなってしまうと、今度は当時まだ5歳だった松姫（信玄末娘）と自分の嫡男信忠との婚約を願い出る。如何に信長が信玄との友好に腐心しているかが窺《うかが》えます。

「先ず勝つべからざるを為す。善く戦う者は勝ち易きに勝つ。」

こうした信長のやり方は、孫子の兵法に則ったものです。孫子は「強敵への対処法」についてこう述べています。

❶ 戦いに臨むときには、いきなり攻撃をしかけるのではなく、まずは負けないように守りの態勢を固めることに力を注ぐこと。
❷ 守りの態勢を維持したまま、敵が弱点を晒すまでジッと待つ。
❸ 敵の弱点を見つけ、勝機を見出したならば、一気に叩く。

信玄を怖れていた信長は、武田家と誼を結ぶことで対決を避け、形勢が逆転するまで決戦を避け続けました。[※1]

しかし、それもやがて限界がやってきます。

戦いを決するのは「戦意」

信長の上洛を境として、急速に織田・武田両家の関係が修復不可能なほど冷え込んでいったのです。

さきの信忠と松姫の婚約も武田から破棄されます。

当時の信長は、西に浅井・朝倉・松永・石山本願寺などと対決しており、とても東の武田と事を構える余裕などなく、なんとか友好を維持したかったのですが、ついに信玄は上洛の兵を動かしてしまいます。

まさに四面楚歌の中で、唯一信長が頼りと為すは、当時同盟関係にあった徳川家康。

彼が信長の背を守ってくれることを願うのみでしたが、それも望み薄。

こうして信長は〝生涯最大の〟と言っても過言ではない危機的状況に陥ります。信玄は当時の武田軍を総動員して臨み、徳川の支城を次々と陥としながら迫り来ます。

〝最初の一撃〟を耐えよ！さすれば勝機は自ずと現る。

ところで。

人は、一瞬で勝負がついてしまった戦いを目の当たりにしたとき、その印象からついつい「両者の間に圧倒的な力の差があった」と思いがちです。

しかし、そうとは言い切れません。

たとえば相撲でも、「はっけよい、残った！」の行司の掛け声が終わるか終わらないかのうちに勝負がついてしまうことはよくありますが、だからといって、この２人の力士に圧倒的な実力差があったわけではありません。

むしろ、地力で勝るほうが一瞬で敗れることだって珍しくないほどです。

〝一瞬で勝負がつく〟ときというのは、ほとんどの場合、「最初の一撃」を受けて戦意を失ってしまったときです。※2

この際、両者の力量差はあまり関係なく、たとえ〝弱者〟であったとしても、敵の「最初の一撃」さえ耐え抜けば、意外に勝機を見出せることも少なくありませんし、また〝強者〟であったとしても、弱者が最後まで死力を尽くして挑むならば、相当に手こずるものです。

手こずるだけならまだしも、下手をすれば、大軍を背景に「楽勝ムード」だったものが、意外に苦戦することで一気に士気が衰えて、逆転負けしてしまうなどということすら珍しいことではない――ということは「フリードリヒ大王」のところでもすでに学んでまいりました。

要するに、戦いを決するのは「戦力差」より「戦意」だということです。[※3]

徳川家康の大失態

つまり、迫り来る武田の大軍を前にして、家康のなすべきは、この「最初の一撃」に耐え抜くこと！

そのためには野戦など以ての外。

大いなる攻めを防ぐためには籠城しかありません。

家康もバカではありませんので、その点は心得ていました。

「なんの！　この浜松城に立て籠もれば4カ月は持ち堪えられる！」

孫子の兵法、

——先ず勝つべからざるを為す。（まずは負けない態勢を整えることに尽力せよ）

——善く戦う者は勝ち易きに勝つ。（優れた将は勝てる態勢を整えてから勝負に出る）

にも通じます。

勝てなくても負けなければよい！

4カ月持ち堪えれば、そのうちに勝機が見つかるかもしれぬ！

しかし、振り返って武田信玄の側から見れば、徳川に籠城され、「最初の一撃」を耐えられてしまうと、自軍の士気の衰え、兵站確保など、今は勢いで掻き消しているさまざまな不安材料[※4]が一気に噴出しかねません。

信玄の目標はあくまでも織田信長！

こんなところでモタモタしているヒマはない！

そこで、家康の目の前に現れた武田軍は、浜松城を包囲することなく、城の前を素通りしてそのまま尾張へと西上していきます。

これを見た浜松城内では驚きとともに安堵感が拡がりました。

「怒りの感情は〝眼〟を曇らせる。」

しかし、こうした声が上がる一方で、怒りに打ち震えていたのが家康。

――うぉのれ、信玄め！　この家康を侮りよって！

これほどの屈辱を受けて、黙っておられるものか！

皆の者、出陣じゃ！　出陣の準備をせい！

信玄《やっ》のケツをひっぱたいてやるのじゃ！

逆上した家康はただちに出陣しましたが、これは信玄の罠でした。武田軍を追った徳川軍の前に、突如として万全の布陣を敷いた武田軍が待ち構えていたのです。

――しまった、してやられた！

しかし時すでに遅し。

これがあの有名な「三方ヶ原の戦」です。

野戦においては無敵の武田、しかも今回は、数においても武田軍が圧倒しています。

徳川軍はあっという間に総崩れをおこし、家康は次々と家臣たちを盾とし[※5]ながら命からがら遁逃、ようやく浜松城に戻ってきたときには、恐ろしさのあまり脱糞していたと言います。

せっかく兵法の知識があっても、「感情」の前にそれは吹き飛び、兵法の鉄則を破ってしまった結果がこれでした。

このとき家康、而立《じりつ》の30歳。

まだまだこのころの家康は、すぐに敵の挑発に乗って逆上し、容易く罠にはまり、窮地に陥るや、家臣を盾として自分だけが逃げ出し、命が惜しくて脱糞するような、取るに足らぬ小心者の青二才でした。

とてもとても「天下人」の器ではなく、これがのちに〝たぬき親父〟と呼ばれる老《ろう》猾《かい》な家康と同一人物かと疑いたくなるほどですが、むしろこのときの失敗があったからこそ、これを境として家康は別人のように生まれ変わったと言えます[※6]。

――試練のあとに飛躍あり！

指導者の器量と組織の関係

家康が武田の「壁」となってくれなかった今、信長は武田と全面対決せざるを得ない状況に追い込まれてしまいましたが、まったく勝ち目はありませんでした。

――今はあまりにも時期が悪い！

兵も鉄砲もまったく足らぬ！

もはや信長にも打つ手なし、万事休す――かに思えました。

ところが。

人生最後まで諦めない限り、いつ何時なにが起こるかわからない、ということを我々は見てきました（第2章）。

なんと、ここにきて信玄が急死[※7]したのです。

信長〝最大の窮地〟は、信長のまったく与《あずか》り知らぬところで、突如として雲散霧消。

それどころか、一気に形勢が逆転します。

「大刀の鞘《さや》は小刀に合わぬ。」

鞘というものは、刀の大きさにピッタリ合うように作られます。

これと同じように、組織（鞘）というものも、創業者（刀）の〝器量（大きさ）〟に合わせて組織づくられます。

収める刀を大刀から小刀に変えれば、もはやその鞘は使い物にならなくなるように、後継者の器量が小さくなると、たちまち組織はうまく回らなくなります。

優秀なカリスマ社長の経営手腕によって急成長してきた会社が、子に継承された途端にあっという間に倒産してしまうことは、巷間よく耳にしますが、これは「2代目が無能だったから」とも限りません。

先代社長には及ばないにしても、「無能」呼ばわりされるほどでもない凡庸な2代目であっても潰してしまうことが多いものです。

それは、先代社長に合わせて作られた〝鞘（組織）〟が2代目の身の丈に合わないためです。

信玄亡きあと、武田家の家督を継いだ勝頼も、特別無能というわけではありませんでしたが、信玄と比べれば、どうしても小粒感は否めません。

そうした彼が〝信玄公に合わせて創られた組織〟を維持するのは至難の業だったのです。

信玄の死から、わずか2年後（1575年）に長篠の戦で壊滅的打撃を受け、10年と保たずに武田氏は滅亡（1582年）することになりました。

試練のときを勝機が来る日までグッと堪えた信長の〝粘り勝ち〟です。

家康が学んだ教訓

信長の身近でこれを学んだ家康は、以後、自らの失敗を噛みしめ、のちにこう語っています。

――堪忍は無事長久《ちょうきゅう》の基《もとい》、怒りは敵と思え。
――戦いでは強い者が勝つ。辛抱の強い者が。
――勝つことばかりを知りて、負くること知らざれば、害その身に至る。

後世、「鳴くまで待とう」と歌に詠まれる〝忍耐の人・家康〟は、このとき生まれたといってよいかもしれません。

※1　ちなみに信玄は『孫子』を熟読、この教えを守ることで「戦国最強」の誉れをほしいままにしました。これは、「勝つ」ことより「負けない」ことを重視する教えのため、確かに信玄は負けたことはほとんどないですが、その代わりに引き分けが多い。有名な川中島の戦などは（解釈にも拠りますが）5戦0勝0敗5分です。

※2　第5章で「王手小手より先手が恐い」ということはすでに学んでまいりました。空手などの格闘技でも「一撃必殺」を旨とする流派が多いのはこのためです。

※3　もっともこの「戦力差」こそが敵の戦意を挫くのに最も有効な要素であることは間違いありませんが。

※4　そして、最大の不安材料が、信玄の健康問題でした。

※5　家臣が「我こそが家康なり！」と名乗ることによって武田軍の注意を家臣に向かせ、そのスキに自分は逃げるということを繰り返しました。

※6　これを境として、あまりの家康の変貌ぶりに、じつは、家康は三方ヶ原で討死していて、これ以後の「家康」は替え玉の別人という俗説すらあります。

※7　胃癌ではないかと言われています。

第12章

能ある鷹は爪隠せ

——優れた才能は「諸刃の剣」である。
それはときに我が身を助け、ときに我が身を亡ぼす。

ものごとすべて森羅万象、「表」があって「裏」があり、両者でひとつです。

たとえば、利点と欠点という一見相反する特性も表裏一体です。

ある側面から見たとき利点であったとしても、同じものを別の視点からみれば欠点となりますし、その逆もまた然り。

「雑木を倒さば、山が崩れる。」

雑木（欠点）だからといってむやみにそれを切り倒してしまうと、山の斜面を支えていた根（利点）まで枯れてしまい、山崩れなどの大災害を招くことになりかねません。

ですから、組織の改革をするときには、この道理をわかっている者が行わないと、おそろしい大惨事を引き起こすことがよくあります。

たとえば、この道理をまるで理解できなかったのが、20世紀半ば、当時の中国の国家主席だった毛沢東《マオツォトン》。

頭の悪い人間が何かの間違いで組織のトップに立ってしまうと、その下々の者は悲惨です。

あるとき彼は、「スズメが収穫物をついばむ被害が出ている」との報告を相次いで受けます。

スズメの被害など、太古の昔からあるごく当たり前の出来事で、全体から見れば大した被害でもありませんでしたが、役人が減産の責任を逃れるために、「スズメのせい」にして報告書を作ったのです。

ところが、これを真に受けてしまったのが毛沢東。

――ならば、スズメを絶滅させよ。

なんでもかんでも「邪魔者は抹殺せよ」というのが毛沢東の根本理念。

「え？　そんなことしたら！」と誰もが心の中で思いましたが、すでにこのとき「裸の王様」状態の毛沢東に、それを口にできる者は誰ひとりとしていませんでした。[※1]

問答無用で中国全土を挙げて一斉に「スズメ狩り」という愚挙が行われた[※2]結果、あっという間にスズメは中国全土から姿を消し、被害はなくなりました。

しかし、これでめでたし、めでたしとはなりません。なるはずもありません。

利点と欠点は表裏一体です。

スズメは「収穫物をついばむ」という〝害鳥〟の側面はありましたが、同時に、イナゴなどの害虫をせっせと食べてくれる〝益鳥〟でもあります。

そんなことは、農民なら誰でも知っている常識です。

にもかかわらず、毛沢東の命令一下、全国規模で〝益鳥《スズメ》〟を撲滅したのですから、次に招かれる結果は火を見るより明らか。

天を真っ黒に染めるほどのイナゴの大群が中国全土で発生します。

一度発生したイナゴの大群を止める手だてなどまったくありません。

イナゴの大群が通ったあとは草一本残らない荒野と化し、その被害たるや、スズメの比ではありません。

こうして、全国で数千万人規模の餓死者を出す大飢饉[※3]を招くことになりました。

「利点と欠点は表裏一体」という道理を知らぬ者が組織の頂点《トップ》に立つことのおそろしさを思い知らされる事例です。

ところで、「才能」もまた例外ではなく、いいことばかりではありません。

巷間その〝利点〟ばかりが強調されがちですが、この道理を知っておかないと、せつかくの才も、逆にそれが仇《あだ》となって〝身を亡ぼす〟原因ともなりかねません。

「才能はときに我が身を助け、ときに我が身を亡ぼす。」

本章では、この点について学んでいくことにいたしましょう。

※1　毛沢東に口応えすれば、ただちに殺されますので。

※2　あまりにも数が多すぎて、全体の数は不明ですが、おそらく中国全土では数千万人規模の人々が駆り出され、数百万羽のスズメを殺戮したと思われます。

※3　これまたあまりにも餓死者の数が多すぎて実数がよくわかっていませんが、一説に5000万人といわれています。ちなみにこれは、人類史上最大の戦争である第二次世界大戦の全世界の戦死者の数に匹敵する数字です。

19

賈詡 文和

147-223

後漢王朝末期から三国時代にかけて
董卓《とうたく》、李傕《りかく》、段煨《だんわい》、張繡《ちょうしゅう》、曹操、曹丕と
転々と主君を変えて活躍した名軍師。

優れた才を持っているということは素晴らしいことです。
本幕で扱う賈詡《かく》（文和）という人物も、当代随一の才覚の持ち主でした。
しかし、そうした煌《きら》びやかな側面に目を奪われて、人は才能の「負の側面」を見失ってしまいがちです。

そしてそれを見失う者は、どれほど煌めく才能を持ち合わせていようとも、いいえ、それを持っているが故に、かえって身を亡ぼすことになります。

最も恐ろしいのは「嫉妬」

「優れた才」というものは誰もが持ち合わせているものではありません。

しかしそれが故に、それは周りの人の「妬み」や「怖れ」の対象となりやすい。

――人間は社会《ポリス》的な動物である。（出典：『政治学』）

これは、古代ギリシアの哲学者アリストテレスの言葉ですが、人間は霞《かすみ》を食べて生きる仙人でもない限り、社会の中で生まれ、社会の中で生き、そして社会の中で死んでいくものであって、他人とまったく無関係に生きていくことはできません。

となれば、周りの人と如何に調和して生きていくか、ここが人生に成功を収めることができるか否かの要となります。

特に若者はこの道理が理解できず、「周りの者のことなど知ったことではない！才能さえあれば、頂点に昇り詰めることができる！」と思いがちですが、それは世間知らずの青二才の戯言《たわごと》にすぎません。

周りの人の「妬み」「怖れ」をいかに抑制するか。

優れた才能も、使い方を一歩間違えれば我が身を亡ぼす「諸刃の剣」となってしまうことを肝に銘じなければなりません。

動乱の時代を生き抜く条件

中国では400年におよぶ漢王朝もついに黄昏の時代を迎え、それから約1世紀[※1]におよぶ戦乱時代を迎えましたが、これが三国時代です。

しかし、最初から「三国」だったわけではありません。

後漢末には有象無象の群雄がひしめき合い、それが徐々に統廃合されていき、最終的に魏・蜀・呉の三国に集約していったのです。

洋の東西を問わず古今を問わず、こうした戦乱の時代には、煌星《きらぼし》の如く才あふれる者たちが現れ、彼らが才と才をぶつからせ、権謀術数を渦巻かせ、手練手管《てれんてくだ》の限りを尽くして鎬《しのぎ》を削ります。

そのため、生半可な才ではとても生き残ることはできませんし、たとえずば抜けた才を持ち合わせていても、一瞬の判断ミス、失言であっという間に命を失うことも珍しくはありません。

『三國志』には多くの才能豊かな者たちが登場します。

ところが、こうした才ある者たちも、歴史の大きな渦の中では〝木っ端〟同然、その天寿を全うできた者はたいへん少ない。

これは、才能を発揮することよりも、動乱の世を生き抜くことのほうがずっと難しいことを表しています。

唐の太宗（第2代皇帝）の故事から「創業は易く、守成は難し」と言われるように、事を興すことより、それを長く保つことのほうが至難なもの。[※2]

しかし。

そうした中で、本幕の主人公、賈詡（文和）はその数少ない人物のひとりでした。

「蛟《こう》龍[※3]の淵に潜《ひそ》むは昇らんがためなり！」

古今「大成した人」の人生をたどってみると、その多くは若いころに職を転々としています。

そうすることで、さまざまな経験を〝幅広く〟積むことになり、そうした広範な経験が「晩成」の礎となっているのです。

賈詡《かく》もまた、若いころ主君を転々と変えています。※4

初めは、『三國志』最大の悪役・董卓《とうたく》（仲穎）に仕えていましたが、彼がまもなく潰《つい》えると、次に長安を支配した李傕《りかく》（稚然）に仕えます。

しかしほどなく、李傕を見限って段煨《だんわい》（忠明）の下へ。

その段煨への宮仕えも長続きせず、今度は張繡《ちょうしゅう》の下へ走り、その張繡が曹操に帰順すると、今度は曹操に仕えます。

自分の仕える主君が何度亡びようとも、そのたびに主君を乗り換え、自分だけはしたたかに生き残り続ける――という離れ業をやってのけた人物です。

曹操には20年にわたって永く仕えましたが、その曹操が亡くなり、子の曹丕の御世《みよ》になっても彼は筆頭の重臣（太尉）として厚遇され続けます。

たいてい、先君に仕えた旧臣は新君から煙たがられますが、彼はそうしたこともなく、その天寿を全うし、大往生を遂げています。

生え抜きの古参ならまだしも、これだけ主君を転々と変えながら、最後まで重用されるというのは本当に珍しいことです。

「才をひけらかさない」という才能

賈詡は蓋世不抜《がいせいふばつ》の才を持った人です。

たとえば、張繍の軍師であったとき、2回にわたって曹操の大軍に襲われたことがありましたが、これを小勢で撃退しています。

一度は降伏したと見せかけて曹操を急襲、曹昂《そうこう》・典韋《てんい》といった側近を討ち取ったのみならず、曹操自身をも討ち取る寸前までいったものです。

彼は、正史『三國志』の編者陳寿が、「事に当たって失敗がなく、臨機応変に対処でき、張良・陳平[※5]に次ぐ人物」と手放しの讃辞を与えたほどの才を持った人物でした。

そうであればこそ、同輩からは嫉まれ、主君を転々としている過去ゆえに主君からは疑われやすく、その天寿を全うすることは至難となります。

にもかかわらず、彼が天寿を全うできたのは、一重に「その才を決してひけらかさなかった」からでした。

もっとも、彼も最初からこうした処世術を持っていたわけではなく、自らの失敗から学んだ結果でした。

彼の仕事は、参謀として主君を正しい方向へ導くことです。

李傕に仕えたとき、自らの仕事を全うするべく、暴走する李傕に何度も諫言しますが、それにより李傕から疎まれる結果になります。そこで賈詡はまもなく李傕を見限り、同郷の段煨を頼って彼に仕えるようになりました。

しかし、ここでも彼は段煨からその尋常ならざる知謀を怖れられてしまいます。

「やつほどの知謀があれば、私の地位を奪うこともたやすいのではないか?」

賈詡に謀叛の気などまったくなくとも、主君に疑われる存在となってしまっては、もはやいつ何時、痛くもない腹をさぐられて処刑されてしまうかわかったものではありません。彼は、段煨の下からも去らざるを得ませんでした。

「能ある鷹は爪を隠すべし。」

その参謀としての才は申し分ない。

にもかかわらず、賈詡がその職を真面目に全うしようとすればするほど、主君から疎まれ、妬まれ、怖れられ、かえって彼自身の命を殆うくしてしまいます。

上に立つ者にとって、100点満点を取る部下は役に立つのでこれを重用しますが、200点を取る部下はかえって「危険」と感じるためです。

こうした経験を何度も繰り返すうち、彼は「どんなに才があっても、決してそれをひけらかしてはならない」ということを学んでいったのでした。

外様《とざま》ゆえの配慮

やがて張繡が曹操の軍門に降《くだ》ると、曹操はその才に惚れ込み、自らの参謀として迎え入れます。

とはいえ。

賈詡は、曹操家臣団の中では何の地盤もない「外様」で、しかも、彼がまだ張繡の参謀だったころ、曹昂（曹操の子）と曹安民《そうあんみん》（曹操の甥）を討ち取っていましたから、家臣団の中からも白眼視され、たいへん肩身が狭いものでした。

ふつうなら、なんとか自分の地位を確立すべく、積極的に自分を売り込んで手柄を立てようと躍起になるものですが、賈詡はあくまで控えめ。

曹操から下問されない限り答えませんし、答えるときも細心の注意を払って言葉を選びます。

こうした細心の配慮があってこそ、賈詡は20年にわたって曹操に仕えることができたのです。

曹操の幕下には、賈詡と対照的な人物、楊脩《ようしゅう》という人物がいました。

彼もまた才に恵まれていましたが、彼はそれを隠そうとしません。

あるとき、漢中を攻めあぐねていた曹操が「継戦か、撤退か」で悩んでいました。

食事中も考え、鶏肉をつつきながら、ぽろっと口にします。

「鶏肋《けいろく》か……」※6

ふつうなら聞き流すこの言葉を耳にした楊脩はただちに「丞相は撤退を考えておられる」と部下に告げ、早々に撤退の準備をさせます。

部下が不審に思ってその理由を尋ねると、

――鶏肋は、骨と骨の間にまだ肉が残っていて惜しい気もするが、食べにくい割には身が少なく、ちまちま食べてみたところで腹がふくれるわけではない。

漢中も、このまま諦めるのは惜しい気がするが、かといって苦労して取るに値する豊かな土地でもない、とお考えなのだ。

まだ曹操が撤退命令を出す前から、すでに撤退準備を始めていたことをあとから知った曹操はたいそう不機嫌になります。

「楊脩め、いちいちわしの心を先読みしおって！」

こうしたことの積み重ねから、やがて曹操から疎まれるようになり[※7]、ついには処刑されてしまいます。

家臣分かれての後継者問題。どう答える？

閑話休題。

曹操もいよいよ老齢期に入り、後継者問題に頭を悩ませていたころのこと。

嫡男の曹丕にすべきか。

三男の曹植にすべきか。

曹操がいつまでも決めかねたため、家臣団もどちらかに分かれて[※8]分裂状態となりますが、こうした中にあっても、賈詡はどちらに付くでもなく沈黙を守ります。

ついに考えあぐねた曹操が賈詡に諮問します。

「曹丕にすべきであろうか、曹植にすべきであろうか。
そなたの忌憚《きたん》ない意見を聞きたい」
しかし、それでも賈詡は押し黙ったまま、答えようとしません。
重ねて問われた賈詡は、ついにその重い口を開きます。
――これは申し訳ございませぬ。
ちょっと考え事をしておりましたもので。
「ほぉ？　そなた、わしの話が上の空になるほど何を考えておったのじゃ？」
――袁紹《えんしょう》と劉表父子のことを考えておりました。
この2人はどちらも嫡男を廃したことで国を亡ぼした者たちです。
下問されてもなお、直接答えることを避け、言葉を選んで答えたのでした。
曹操は吹っ切れたように大いに笑い、曹丕を後継者とすることを決意します。

賈詡、位人臣を極む

曹丕はこれを聞いて大いに喜び、彼が即位するや、彼の功に報いてただちに賈詡を「太尉」としました。

太尉といえば、当時、位人臣を極めた最高位です。

曹丕が帝位に即けたのも賈詡のひと言のおかげとなれば、皇帝すら賈詡を下にも置かぬ扱いになります。

もはや、賈詡はこわい者とてない地位に昇り詰めたのです。

しかしそれでもなお、彼は謙虚さを失いませんでした。

「繁栄は砂城、妬みは津波。」

今から5000年ほど前のこと。

現在のイラクを中心に「ジッグラト」※9という聖塔がいくつも造られました。

その聖塔《ジッグラト》が何のために造られたのかすら、後世に伝わることはありませんでしたが、放置され、半分崩れかけたジッグラトだけがそこに在り続けます。

これを横目に土地の人々によってひとつの伝説が語られるようになりました。

――ん？　あの塔は何だってか？

あれはな、昔々、思い上がった人間が自らの力を示さんと、「天まで届くような高い塔」を造ろうとしたなれの果てじゃよ。

しかしな。

この事業に、神が怖れを抱き、嫉妬なされたのじゃ。

こうして神の怒りに触れ、たちまち塔は倒壊、あの姿となってしまったのさ。

全知全能の神ですら、人間如きの所業に嫉妬する。

そして、巨大な聖塔《ジッグラト》も嫉妬の前にはたちまち崩れ去る。

これは伝説ですが、これに象徴されるように、どんなに高い地位に就こうとも、富を築こうとも、下々の「妬み」、主君の「怖れ」の前には「津波の前の砂城」だということを彼はよく理解していました。

彼は、あらぬ疑いを受けないために私的な交際を避け、子女の婚姻相手に貴族を選ばぬようにし、何をおいても目立たぬようひっそりと暮らします。

そこまで細心の注意を払ったからこそ、彼はこの動乱の時代を生き抜くことができたのでしょう。

何よりも警戒すべきは、「強大な敵」よりも「周囲の嫉妬」なのです。

※1　漢王朝が乱れるきっかけとなった黄巾の乱が勃発したのが184年。それから三国時代を経て、晋が天下を再統一したのが280年。ほぼ100年です。

※2　中国において帝国を興した者は数多くあれど、300年以上持ち堪えた帝国はひとつもない事実がそれを表しています。

※3　「蛟龍」というのは龍の幼生のこと。龍に変態するまで淵の底でジッと身を潜めている。

※4　もちろん「若いころに職を転々としていれば必ず大成する」という単純なものではありません。大成する人とそうしない人との違いは、職種に一貫性があるか否か、また職の経験を「次」に活かしているかいないかの2点です。ただ賃金を得るためだけにその日暮らしの仕事を転々としているならむしろ転職はマイナスとなります。

※5　中国において、優れた政治家が現れると、何かと引き合いに出される人物。

※6　鶏のあばら骨の部分。

※7　日本では、黒田官兵衛も己の才をひけらかすところがあり、これが秀吉に疎んじられる原因となっていきました。

※8　曹丕派＝司馬懿・陳羣（ちんぐん）・朱鑠（しゅしゃく）・呉質ら
曹植派＝楊脩・丁儀（ていぎ）・丁廙（ていい）ら

※9　階段式ピラミッドにも似た建造物。

第13章

才ある者に任せよ

——人の上に立つ者は優秀である必要はない。
優秀な者を使いこなせればよい。

人類の歴史開闢《かいびゃく》以来、数限りない国・王朝が生まれては消え、消えてはまた生まれてきました。

そこには、短期政権もあれば、長期政権もあり、優れた人物によって打ち立てられた王朝もあれば、凡庸な人物によって建国された国もあり、多種多様です。

一見なんの法則性もなく、ばらばらのように思えますが、よくよく調べてみると、興味深い因果関係を見つけることができます。

優秀な人物によって打ち立てられた王朝は、短期政権が多い。

凡庸な人物によって打ち立てられた王朝は、長期政権が多い。

逆に言えば、長期政権か短期政権かを見れば、その国の開祖が優秀か凡庸かが推し量れてしまうほどです。日本でいえば、信長が打ち立てた織田政権も、秀吉が打ち立てた豊臣政権も、彼らの死とともにたちまち倒れ、露と消えてゆきました。

これに対し、家康が打ち立てた徳川政権は、３００年の永きにわたって続きます。

これは、信長・秀吉の非凡さと、家康の凡庸さを如実に示しています。

現在、徳川家康を「極めて優秀な人物」だと信じて疑わない日本人はたいへん多い。しかしこれは、徳川の幕藩体制の中で、「神君 家康公」の否定的評価は一切禁じられ、「家康讃美」の思想統制が３００年の永きにわたって徹底された結果、日本人全体が洗脳されてしまったからにすぎません。

こうした「開祖の資質」と「政権の寿命」の因果関係は偶然などではなく、第11章でも学んでまいりましたように、「組織というものは、創業者の器に合わせて創られる」ため、創業者が非凡であればあるほど、後継者がこれを維持できないためです。

企業でも、優秀なワンマン社長に率いられ、飛ぶ鳥を落とす勢いで発展していた会社が、２代目になった途端に潰れてしまうのはそうした理由です。

一般的に「組織の長たる者、優れた才を持っていたほうがよい」と思われがちですが、そうでもありません。主君が凡庸なればこそ、自然に「家臣一同が結束してこれを支える」という組織づくりが行われるため、むしろ長期政権になりやすいのです。

とはいえ、開祖が無能でよいかというと、そんなことはありません。

長には長に必要な〝才〟があります。本章では、このことについて見ていくことにいたしましょう。

20 劉邦

247B.C.-195B.C.

農民出身ながら、秦王朝の崩壊後、項羽との熾烈な戦いを経て、前漢後漢合わせ400年におよぶ泰平の世を切り拓く。

歴史を紐解けば、洋の東西を問わず古今を問わず、その国の開祖はほとんど「名君」「偉人」「大器」「英雄」と褒めそやされています。

そのため、「凡人とはかけ離れた異才を放つ傑物でなければ、国を建設するなどという偉業も成し遂げられないのだろうなぁ」と思いがちです。

しかしながら。

前文でも触れたように、実際には、開祖が特筆すべき才とてない凡庸な人物であることなど決して珍しくなく、特に長期政権の開祖はほとんどがそうです。

そうした開祖たちに手放しの讃辞が贈られているのは、ひとつにはその国の政府によって思想統制が行われるためですが、もうひとつには、歴史を「物語」として愉《たの》しむとき、勧善懲悪のストーリーが喜ばれるためです。

誰も「人望も才もある人物」が「無能で性悪な人物」に討ち滅ぼされる物語なんて見たくありません。

したがって、歴史を題材とした小説などは史実などそっちのけ、ストーリー上の面白さ優先で、主人公が極端に美化・神格化して描かれ、読者はこれを「史実」と勘違いしてしまいがちです。[※1]

「兵に将たる才」と「将に将たる才」

始皇帝が打ち立てた秦は、彼の死とともに崩壊していきましたが、その中から、項羽と劉邦という2人の人物が頭角を現しました。この両雄を比較してみると、

・項羽…楚の将軍の家柄。優れた体軀《たいく》に恵まれ、ひと通り兵学を学び、勇猛で万夫不当の猛将。部下にも慈悲深く、惚れた女に一途。
・劉邦…本名すらよくわからない農民の出。[※2]武勇拙《つたな》く、兵法にも政略にも政治にも疎い。強い者には謙《へりくだ》り、弱い者には傲慢で、女にだらしない。

このように「才覚」という観点から見れば、どう見ても天下を獲るのは項羽のほうが妥当に見えます。

しかしながら、現実に天下を獲ったのは劉邦です。

なぜこうなってしまったのでしょうか。

その答えは、韓信が大元帥に就任するときに劉邦に述べた言葉の中にありました。

このとき彼は、項羽では天下を獲れない理由を2つ挙げました。

それが「匹夫の勇」と「婦人の仁」です。

韓信曰く。

――項王（項羽）は、彼自身が万夫不当の猛将（将才）なれど、それゆえに優れた将軍を信じてこれに任せる（君才）ということができません。

これはただの〝匹夫の勇〟[※3]にすぎませせぬ。

つまり、項羽には「将才はあれど君才がないため天下の器に非ず」というわけです。

『将才と君才は別物と知るべし。』

この「将才と君才」については、また別の話があります。

あるとき、劉邦が「自分はどれほどの将の器であるか」と韓信に問うたところ、韓信が答えて曰く。

――そうですな。陛下ならざっと10万といったところでしょう。

では汝は如何にと続けて問う劉邦に、

――私なら１００万の兵であろうが自在に操れます。

「なんじゃと!?　余が10万で、そちは１００万か。

ならばなぜそちは余の臣下に甘んじておる？」

――私は兵を操るのに長けた〝兵の将〟にすぎません。

しかし陛下は、将を使うのに長けた〝将の将〟です。

兵の将では、将の将に及ぶべくもありません。

つまり、「兵に将たる才（将才）」と「将に将たる才（君才）」はまったく別物であって、組織の頂点に立つ者は、部下を信頼して使い、また部下から慕われていれば（君才）、他の才（将才）などなくてもかまわないということです。

というより、なまじ将才があると、かえって君才の邪魔になるくらいです。

たとえば、ナポレオンはたいへん優れた将才に恵まれていましたが、それゆえ、何かと部下に任せきることができず、部下もまたすぐにナポレオンに頼ってしまうため、安心して任せられる部下が育ちにくい環境が生まれてしまいました。[※4]

項羽は、范増・陳平・韓信という錚々たる人材を擁《よう》していたにもかかわらず、誰ひとり使いこなすことができず、ひとり、またひとりと項羽の下を去っていきました。

これでは、彼が天下を獲れなかったのも自然の理。

劉邦と項羽、何が違ったのか？

こういう逸話も伝えられています。

天下を統一し、帝位に即《つ》いた劉邦が家臣たちとの酒宴をしていたときのこと。

彼が一同に問いかけました。

――皆の者に問う。

朕はこうして帝位まで昇りつめることができ、かたや項羽は敗れた。

その理由は何じゃと思う？


これに対して、一同それぞれに意見を述べ合いましたが、それを聞いた劉邦は嗤って答えました。


――そちたちは何もわかっておらぬ。

よいか。

策を巡らせることにかけては、朕は張良には及ばぬ。

兵站を守り、民を安んずることにかけては、朕は蕭何に及ばぬ。

軍を率いて勝利を収めることにかけては、朕は韓信に及ばぬ。

じゃが、朕はこの三英傑を使いこなすことができた。

それにひきかえ、項羽は范増という優れた軍師を擁しながら、その范増ひとり使いこなすことができなんだ。

それが、朕が天下を獲り、あやつにできなかった理由じゃ。

奪えば奪うほど、失う

とはいえ、確かに項羽は、敵に対しては冷酷・残忍・無情で、鬼神の如く怖れられていたものの、そうでない者に対しては礼儀を以て臨み、慈悲深く、ときにやさしい言葉もかけ、思いやりも見せました。

つまり、家臣たちから慕われる要素は充分持ち合わせていたわけです。

にもかかわらず、項羽の下を次々と家臣が去っていったのは、「君才に乏しい」だけでは理由として弱いものがあります。

事実、君才など乏しくとも君主として君臨できた者はいくらでもいます。

たとえば有名どころでいえば、ナポレオン。

彼もまた項羽同様、「将才」は抜群でしたが「君才」はいまひとつ。

そのため、タレーランやフーシェといった、張良・蕭何に匹敵する政治家を使いこなすことができませんでした。

でも、彼の下には人が集まっています。

そこにどんな差があったのでしょうか。

項羽には、致命的な欠点がもうひとつあったのです。

それが韓信が指摘した第二の欠点「婦人の仁」です。

韓信曰く。

――彼は、部下にはやさしい言葉をかけ、女性のような思いやりを見せることもありますが、いざ褒賞を与える段になると、途端に女々しくこれを渋ります。

これは〝婦人の仁〟にすぎませぬ。

これは致命的といってよい項羽の欠点です。

――大王（劉邦）が天下を望まれるならば、彼の逆を為せばよろしい。

項羽の逆、すなわち「家臣を信頼して仕事を任せ、功に対しては惜しみなく恩賞を与える」ことです。

「得たものはなくなり、与えたものは増える。」

人は自分が苦労して手に入れたものを頑として手放したがらないものです。

どんな才人であろうとも、人ひとりの努力の成果などたかが知れていますから、「あれほど努力したのに、この程度の見返りしかないのか……」という想いに駆られ、より一層「これを手放してなるものか！」となってしまうのも無理からぬところはあります。

しかし、自分の努力で手に入れたものは、どれほど手放すまいとしがみついてみても、春先の雪の如く、減ることはあっても増えることはありません。

それどころか、そんなことをすれば必ず、周りの協力者がひとりまたひとりと去っていき、気がついたときには孤立化し、そんな犠牲まで払って後生大事にしていたものすら、いつの間にか手の中からなくなっています。

項羽はこの愚[※5]を犯して、その身を亡ぼしました。

「与えよ、さらば与えられん。[※6]」

項羽の二の舞とならないための解決策はひとつ。

自分の懐に入れておいてもどうせ消えゆくのですから、消えてしまう前にどんどん周りの人に感謝を込めて与えてしまうのです。

得たものは、１００％自分の力のみで手に入ったものではないはずです。

必ず周りの人の助力、援助、支援があっての成果のはずです。

ならば、報酬は入った先から、お世話になった人に惜しみなく与える。

そうすることで、それは必ず自分の下に何倍にもなって戻ってきます。

そして、人から与えられたものはなくなることはありません。

本幕の項羽と劉邦の例で言えば、項羽は、戦いにおいていつも敵を殲滅し、得た領土をほとんど我が物とし、功臣にこれを分け与えることを渋りました。

それにより、初めは項羽に従っていた者たちも、ひとり、またひとりと、項羽から離れ、劉邦の下へ走っていくことになったのです。

これに対して劉邦は、なるべく戦わぬことを心掛け、戦わざるを得なくなったときもなるべく敵に降伏を促し、降伏した者には所領を安堵し、功を成した者には、得た領地を惜しみなく与え続けました。

そのため、全国から優れた人材が集まり、各地の諸侯が忠誠を誓うようになり、与えた財が何倍何十倍にもなって劉邦の下に還ってきたのです。

確かに劉邦は項羽に比べ、才には恵まれていなかったかもしれません。

しかし、項羽は奪えば奪うほど失っていき、劉邦は与えれば与えるほど集まり、ついに天下は劉邦の下に転がりこむことになったのです。

「得たものは与える」

これを理解できない者は、一時的に成功したように見えることはあっても、必ず足をすくわれることになります。

「自利は利他を言う。」

組織のトップに立つ者は、特別な才能などなくても構いませんが、部下を信頼して使う度量と、他人の利益（利他）のために尽くすことが、結局自分の利益（自利）になることを心得、功に基づいて惜しみなく与えることが大切だということを、両雄の人生から学ぶことができます。

※1　日本では、山岡荘八の小説『徳川家康』などがこの典型的な例です。中国では、『三國志演義』の中の諸葛亮の神格化が常軌を逸しています。

※2　劉邦の「邦」には「兄貴」という意味があるため、これは「劉アニィ」という呼び名にすぎず、本名ではないという説があります。劉邦の父の名「太公」はじいさん、母の名「媼」はばあさん、兄の名「伯」は長男という意味なので、劉一家そろって本名はわかっておらず、こまった司馬遷が適当に付けた名だとも言われています。

※3　物事をあまり深く考えずに、ただ血気にはやり、腕力に頼るだけのつまらない勇気のこと。

※4　ダヴー、ドゼー、ネイなど、優れた将軍もいましたが。

※5　本文で「愚」と書きましたが、このときの項羽はまだ若すぎたので、こうした道理が理解できなかったのも仕方がないところがあります。彼が起ったとき24歳、鴻門の会のとき26歳、垓下の戦のとき30歳。

※6　『新約聖書』ルカ伝第6章38節の聖句。

第14章

死中に活あり

——追い詰められたときに弱気は禁物。
これを払拭するためにあえて敵陣に突っ込む。

人生において、自分の取るべき選択肢がひとつ消え、ふたつ消え、そしてついにはすべての選択肢が消え、完全な八方塞がりの窮地に追い込まれることがあります。

将棋でいえば、「詰み」の状態。

こうしたときには、どう対処すればよいのでしょうか。

それとももう対処法などないのでしょうか。

いいえ、将棋と違って、人生に「詰み」などありません。

どんな苦境に追いやられようとも、必ず〝活路〟はあります。

ただ、「万策尽きた！」と天を仰いでいる人にはそれが見えていないだけなのです。

すでに第8章でも学んでまいりましたように、「事態打開の突破口は〝常識〟というヴェールに隠れている」ものです。

どんなときでも活路は必ずある。

しかし、それはなかなか見えづらい。

しかも、物理的にではなく心理的に隠れているものなので、なお厄介です。

活路は目の前にあるのに気がつかないのです。

『押しても駄目なら引いてみよ。』

こうした心理的盲点《スコトーマ》を外すためには、逆転の発想をしてみること。

また、自分が「最初に消した選択肢」「あり得ないと思う選択肢」を敢えて選んでみること。

実はこうしたことが事態打開の突破口となりうるのです。

歴史を紐解くと、偉人たちには「常識に囚われない」という共通点があります。

常識に囚われないため心理的盲点《スコトーマ》にかかりにくく、打開策に気がつきやすいのです。

たとえば。

第3章で登場した韓信が井陘《せいけい》を攻めたとき。

彼が「川（綿蔓水）を背」にして布陣したことはあまりにも有名です。

この布陣を、味方の諸将も不審がり、敵将（陳余将軍）は嗤《わら》いました。

「韓信、韓信と皆が騒ぎよるからどれほどのものかと思いきや！

川を背に負うとは！

兵法のイロハも知らぬ大うつけではないか！」

兵法にはこのような教えがあります。

――陣を張るときは、山や丘を背とし、水（川や池など）や沼沢を前とせよ。

しかし、韓信はあえてこの禁を破り、「水を背」としてわずか3万の兵で趙の大軍20万と戦って勝利を収めたことはあまりにも有名です。

これが所謂「背水の陣」[※1]です。

将兵たちは勝利を喜びながらも、兵法の鉄則を破りながら大勝利できたことが不思議でならず、韓信に訊ねています。

韓信は笑って答えました。

「兵法においては、書の丸暗記をそのままやったのでは役に立たぬ。

常に現場の状況に応じて臨機応変に対応させせなければ。

今回、我が軍の兵は圧倒的に少なく、練度も士気も低いものであった。

こんな状態で定石通りに戦ったのでは敗れるのは目に見えている。

そこで、少ない兵力を最大限に発揮するための兵法を優先したまで」

これを聞いた将兵一同は敬服したと言います。

「現実は教科書通りにはいかない。」

教科書というものには、あくまで「原則」「一般論」が書かれているにすぎません。

それを「万能」と思い込むところに誤りがあります。

すでに生半可な兵法も通用しないほど追い込まれてしまったときは、その「逆」をすることでかえって活路が開けることがよくあります。

本章では、この点について学んでいきたいと思います。

※1　「背水の陣」はあまりにも有名な兵法であるため、その出典が『孫子』だと勘違いされている方がいますが、出典はこのときの井陘の戦を描いた『史記』です。

21 桜井 規《き》矩《く》之《の》左右《じょう》

1848-1912

幕末、下総国《しもうさのくに》の佐倉藩士に生まれ、24歳で海軍に入隊、西南戦争にも従軍。日清戦争では「比叡」艦長として活躍した。

明治の世になって初めての朝野を挙げての大戦《おおいくさ》——それが日清戦争です。
現在、「日清戦争は楽勝だった」というような風潮がありますが、それは、戦後の明治政府が「日本の大勝利！」と盛んに喧伝《けんでん》した、その名残にすぎません。
単純に結果だけ見れば「連戦連勝」でしたが、実際には、その一戦一戦はまさに薄氷を踏むようなギリギリの勝利の連続だったのです。

ひとつでもボタンの掛け違えがあれば、日本が連戦連敗していてもおかしくない、たいへん殆うい戦の連続でした。

当時の清国は、政治も経済も軍部も、隅から隅まで腐敗しきっていましたが、痩せても枯れても東アジアに君臨する大国として〝過去の栄光〟を背負い、依然として「眠れる獅子」[※1]と欧米からも一目置かれていた存在でした。

これに対して、日本はといえば、開国したばかりの弱小貧乏国。

まだまだ地力は清朝のほうが上です。

しかしながら、開戦時、清国はまだ準備不足で、戦場となる朝鮮半島に派兵が終わっておらず、日本とすればそこが付け目でした。

物資・兵員を満載した輸送船を海上で叩き、海の藻屑とすることができれば！

それができれば日本の勝ち、できなければ地力で勝る清国の勝ちです。

日清戦争の勝敗の行方は、この海戦の行方にかかっているといっても過言ではありませんでした。日本艦隊は血眼になって清の輸送艦隊を索敵します。

まずは、豊島《ブンド》沖で敵艦を発見し、これを撃破[※2]！

続いて、大孤山《ダイフーシャン》沖で敵艦を発見！

これこそが、日清戦争の命運を分ける大海戦、黄海海戦となります。
目の前に迫る清艦隊は「定遠」「鎮遠」という自慢の大型戦艦を筆頭に、6隻の甲鉄艦を含む10隻の巡洋艦で臨んだのに対し、日本艦隊は戦艦ゼロ、甲鉄艦は1隻のみ、巡洋艦8隻、護衛艦2隻でした。※3
艦数、排水量、装甲、火力すべてにおいて清国艦隊に劣っていたのです。
しかし、すでに本書「第3章第6幕」で学んでまいりましたように、

「戦の勝敗は〝兵力〟より〝勝機〟」

たとえ〝兵力〟では負けていようとも、それを要素分解してどこか一点でも勝っているところがあれば、その勝っている一点に〝勝機〟を見出せばよいのです。

このとき、日本艦隊が清艦隊に唯一優っていたのは「速力《スピード》」でした。

ならば、この海戦を制するためには、このスピードを活かして、日本にとって最も有利となる距離を保ち、常に有利な陣形を維持して、戦況をリードし続ける。

ここにわずかな勝機を見出すしかありません。

したがって、どうしても「スピードを活かした戦術」に頼らざるを得ませんでしたが、これには大きな問題が。「比叡」以下3艦の低速艦が、日本の艦隊運動についていけず、どんどん引き離されて孤立してしまったのです。

これを見た清艦隊は「定遠」「鎮遠」を先頭に「比叡」に殺到。

このとき「比叡」の艦長をしていたのが、本幕の主人公、桜井規矩之左右です。

死地に追いつめられし者の選択

清艦隊は「比叡」の右舷方向から殺到してきていましたから、面舵《おもかじ》（右折）を取ればば敵艦隊のド真ん中に突っ込んでいくことになり、この選択肢は考えられません。

となれば、迫りくる清艦隊を前にして、彼の選択肢は事実上2つ。

このまままっすぐ進むか、取舵《とりかじ》（左折）を取るか。

とはいえ、まっすぐ進めば、「定遠」「鎮遠」とドンピシャでぶつかるタイミングでしたから、常識的に考えて、桜井艦長の取るべき道は、「取舵一択」となります。

しかし、なにぶんにも「比叡」は足が遅い。※4

これでは取舵を取って逃げたところで、どうせ追いつかれて撃沈されることは目に見えています。まさに絶体絶命！

「死地の活路は敵懐にあり。」

追いつめられ、すべての道を奪われ、完全に逃げ場を失ったように見えても、あとひとつだけ活路が残っています。

それが、今自分を追いつめている敵の懐の中です。

追いつめられた鼠は猫に活路を見出し、銃口を向けられた鳥は猟師の懐に活路を見出します。※5 人もまた同じ。

追いつめている側は「勝ち」を確信して、気が緩んでいます。

死地に追いつめられている側にとって、そこが唯一の付け目。

もちろん、それを実行すれば必ず成功するという甘いものではありません。

むしろ成功確率はたいへん低い、危険な賭です。

しかし、すでに「死地」にあって、何か手を打たねば、助かる可能性は確実にゼロという場面においては、そのわずかな可能性に賭けるしかありません。

その一歩を踏み出す勇気がない者は、ただ座して死を待つのみです。

桜井艦長も、迫りくる清艦隊を前にして叫びました。

――面舵一杯！

これを見た清艦隊は仰天。

「難《ナン》、難以相信《ナンイーシャンシン》（し、信じられん！）」

たかが護衛艦が、大型戦艦「定遠」「鎮遠」を筆頭とする敵陣のド真ん中に突っ込んできたのですから、驚くのも当然。

こんなことをすれば、まさに四方八方から至近距離で集中砲火されることは必定。

敵も味方も誰もが「嗚呼！　これで比叡の命運は決まった！」と思いました。

ところが。

『窮すれば即ち変じ、変ずれば即ち通ず。』

窮地に陥ったときは、何かしら変化が起こるもの。

変化が起これば、何かしら解決策が生まれるもの——という意味ですが、時と場合によっては、変化が起きるのを待っている猶予がまったくないこともあります。

このときの「比叡」がそうでした。

迫りくる「定遠」を前にして、変化が起こるのを待つ遑《いとま》などまったくありません。

そういうときは、変化が起きるのを「待つ」のではなく、こちらから動いて「作る」のです。しかも、常識的な行動では変化は起きにくいものです。

大きな変化を起こすためには、誰もが予想だにしない、意外性のある行動であればあるほどよい。そこでこのときの「比叡」は、敵陣の懐に飛び込むという離れ業をやってのけたのでした。

ここに変化が生まれ、そこに勝機が見出せるはず！

実際「比叡」が敵艦の懐に飛び込むと、大きな「変化」が生まれました。

「比叡」が敵陣のド真ん中に突っ込んだせいで、至近距離で清国艦同士が向き合う陣形となり、同士討ちを懼れた清艦隊の砲撃が緩んだのです。

こうして「比叡」は、火だるまになりながらも敵陣中央を突破することに成功、生還を果たしたのでした。まさに文字通り「死中に活」を見出したのです。

※1　当時の清国はすでにアヘン戦争・アロー戦争と西欧列強に散々に敗れ去っていましたが、それでも永年にわたって彼らの中に浸透していた黄禍論によって、清国に対して西欧列強は潜在的恐怖感を持っていました。

※2　豊島沖海戦。

※3　しかも船齢20年の老朽艦を改装したもの。艦名は「扶桑（ふそう）」。

※4　「比叡」の最高速度はわずか13ノット。大型戦艦の「定遠」「鎮遠」ですら14・5ノット出ました。

※5　「窮鼠猫を嚙む」「窮鳥懐に入れば猟師も殺さず」

22 島津　義《よし》弘《ひろ》

1535-1619

「島津に暗君なし」と謳われる中でも
「勇武英略を以て傑出す」と讃えられ、
「鬼島津」の異名をとる戦国屈指の猛将。

「死中に活」を得た例をもうひとつ。
時は、慶長5年（1600年）9月15日。所は、濃尾《のうび》平野と琵琶湖を結ぶ、南北を山岳に挟まれた隘路《あいろ》、関ヶ原。ここに両軍あわせて20万もの大軍が結集し、「天下分け目の合戦」の幕が切って落とされました。

布陣は明らかに東軍に不利。

明治になって軍事教官としてやってきたK《クレメンス》・W《ヴィルヘルム》・メッケル少佐は、関ヶ原の布陣図を見て、言下に「西軍の勝ち！」と断じたと言われています。

霧が薄くなった朝8時ごろに合戦が始まり、正午ごろまでは均衡を保っていましたが、小早川秀秋の裏切りを境に一気にバランスが崩れ、まもなく西軍は総崩れとなります。気がつけば、島津隊だけが敵大軍に三方から包囲され、もはや風前の灯火。

このとき島津隊を率いていた大将が島津義弘です。

押しても全滅、退いても全滅

彼は二者択一の大きな決断を迫られます。

――継戦か、撤退か。

戦を放棄して撤退するならば、東から殺到する東軍を前にして「西」へ向かうことになります。

あくまで討ち死に覚悟で突撃するならば、「東」へ向かうことになります。

しかし、もはや大勢決した中で討ち死にするは、まさに犬死に。

かといって、撤退を選ぶにしても、背を向けた軍ほど弱いものはなく、10万の軍に追撃されれば全滅の危険性が極めて高い。

戦わずしてむざむざやられるくらいなら、戦って一矢でも二矢でも報いて、〝薩摩隼人《はやと》〟の意地を見せつけて散ったほうが……という想いにも駆られます。

「押しても駄目なら引いてみよ」とは言っても、今回はまさに「押しても全滅、退いても全滅」という状況です。

苦しいときこそ、「第三の選択肢」を模索

これは、20世紀初頭、ロシアに狙われた日本を彷彿とさせるような絶望的状況です。

当時のロシアは日本を奴隷国家にするべく、これを虎視眈々と狙っていました。

まさに「蛇に睨まれた蛙」……いえ〝熊（ロシア）に睨まれた舞妓（日本）〟か。

それほど当時の日露の国力の差は大きいものでした。

戦って勝てる相手ではありませんが、戦わなければ確実に亡びる。

「戦わずに亡びるくらいなら、戦って一矢報いてから亡びようではないか！」

こんな「亡びの美学」が巻き起こったほど、日本は追い込まれます。

日本の中でも主戦派と避戦派に分かれて大論争。

「たとえ二者択一であっても「第三の選択肢」を模索せよ！」

しかし、最終的に日本が採ったのは、「戦って亡びる」でも「戦わずして亡びる」でもない、第三の選択肢「戦って引き分けに持っていく！」でした。

本書第11章で学んだ「力量差がありすぎて勝てないなら、負けない策に徹する」ことにしたのです。勝とうとする敵を倒すのは比較的容易ですが、「負けまい」とする敵を倒すのは容易なことではありません。

これにより日本は、満身創痍となりながらも熊（ロシア）の歯牙をかわすことができたのです。

このように、「二者択一」を迫られながらどちらを選択しても救いがない――というときは、一歩引いて「第三の選択肢」がないかを模索することです。

このとき二者択一の決断を迫られた島津義弘も「第三の選択肢」を採ります。

彼は立ち上がって叫びます。

「我が軍の周りで、最も強敵の部隊はどこか!?」

――もちろん、東正面の家康本陣です!

「よし! ではこれより我が隊は東の家康本陣に向けて撤退する!」

「西に向けて撤退」でも「東に向けて突撃」でもありません。

「東に向けて撤退!」と叫んだのです。

「平時においては敵の弱点を突き、
窮時においては敵の強点を攻む。」

今まさに敵軍が殺到してくる「東」に向かって全滅覚悟の突撃をかけるというのならわかりますが、「撤退する」というのですから、およそ正気の沙汰とは思えません。

そもそも、これは兵法に悖《もと》っているように見えます。

孫子の兵法では、次のように教えています。

――敵の守らざる所、あるいはその不備を攻めよ。

しかし、これも本章前項で学んだように「一般論」です。

こちらに余裕があるときはこれが定石ですが、追いつめられるだけ追いつめられたときは、むしろ敵の最も強いところを攻めることで、活路が見出されることがあるのです。

人は、圧倒的劣勢にあるとき、どうしても敵に背を向けて逃げたくなりますが、背を向けた途端、その無防備となった背中をばっさり袈裟《けさ》懸《が》けされてしまいます。

むしろ逆なのです。

追いつめられたときには、敵の中枢にこそ〝活路〟があるのです。

通常なら自殺行為ですが、優劣に圧倒的な差があるときというのは、敵も油断していますから、その油断を突くことで、わずかなチャンスが生まれるのです。

今川義元2万の大軍が尾張に押しよせたときを思い出していただくと理解しやすいかもしれません。

あのときの今川軍も「もう勝ったも同然」「どうせ織田は清洲で縮こまって震えておるじゃろう」と高を括《くく》って、軍規も緩みきっていました。

かたや織田は「逃げる」という選択肢を切り棄て、敵陣中枢への突撃を選択することで、開き直ることができます。

開き直って腹が据《す》わって冷静になれば、心が逃げていたときには見えなかった周りの情勢が正確に見えるようになるもの。

その差が桶狭間の「逆転勝利」を呼び込みました。

関ヶ原でも、「勝ち」を確信して軍規がゆるみ始めていたところに、突如島津隊が突進してきたため、東軍は狼狽し、島津隊を中心に真っ二つに割れる陣形となります。

そのわずかに空いた穴を突ききって、そのまま南東へと〝撤退〟することが可能になったのでした。

「退路は「前」にあり!」

後ろではありません。事実、後ろ（西）へ逃亡を図った（事実上の）総大将石田三成はあっけなく捕らえられ、処刑されています。後ろに退くのはむしろ「まだ余裕があるとき」だけだということを肝に銘じておかなければなりません。

第15章

学びて思わざれば則ち罔《くら》し

――知識を得たことで満足する者は多い。
しかし、実践の裏打ちなき知識など無意味である。

ここまで、先人たちの成功や失敗からさまざまな「人生の成功法則」について学んでまいりました。

しかし、ここに大きな落とし穴があります。

それは、知識を得たことですでに理解した気になってしまうことです。

『〝知る〟と〝理解〟は雲泥万里。』

知識を、「知っている」ということと「理解している」ということはまったく別物です。このことについては、洋の東西を問わず、古人も繰り返し戒めています。

孔子曰《のたまわ》く、「学びて思わざれば則ち罔《くら》し」。

老子曰く、「多聞なればしばしば窮す」。

知識の蓄積（インプット）はあくまでも「スタート地点に立った」にすぎません。それを如何に実践（アウトプット）に移して、試行錯誤の中から、言葉で得た知識の「真の意味」を体感し、血肉とするか、そこにかかっています。

インプットしながら、それをアウトプットしようとしないのは、自転車の前輪だけはめて、後輪を取りつけずにペダルを漕ぐ人と似ています。

決して前に進むことはありません。

にもかかわらず、知識の蓄積で満足してしまう人はたいへん多い。

よく「年に数百冊の本を読む」と自慢げに口にする人がいますが、そうした人はこの典型と言ってよいでしょう。

どれほど膨大な知識を蓄積しようとも、こういった人が大成した例《ためし》はありません。

せっかく得た知識がまったく活かされないためです。

インプット（知識）したものはアウトプット（実践）して初めて活きてきます。

最終章の本章では、知識を活かすことの重要性について学んでいくことにいたします。

23 孫武

c. 6c. B.C.

数千年を経た現在でもまったく色褪《あ》せることのない偉大な兵法書を残した兵法の大家。しかしその人生は謎に包まれている。

孫武。

『孫子』十三篇、全文わずか六千数百字の中に兵法の極意を凝縮させた兵法の大家で、一般的には、「孫子」[※1]という名で知られる、知らぬ者とてない偉人です。

しかし、有名なわりには、その生没年も、出自も、経歴も、彼に関する情報で確かなものはほとんどありません。

『史記』の孫子列伝の中で、呉王闔閭《こうりょ》※2とのやりとりが見られるため、闔閭（在位514B.C.-496B.C.）と同世代の人物だろうということが類推できるのみです。

その字《あざな》すら不明で、名の「武」もあまりにも出来すぎなため「後世〝孫子〟としか伝わらなかったため、史家が便宜上つけた名ではないか」と疑う者もおり、一時期は彼の実在すら否定されたこともある人物です。※3

そうした謎に包まれた彼の、ほとんど唯一の逸話が以下のお話。

孫子、姫兵を勒《ろく》す

春秋時代、呉王闔閭には伍子胥《ごししょ》※4という優れた側近がいましたが、彼に見出されたのが孫武でした。

孫武は優れた才に恵まれながら、それまでなかなか陽が当たらず、世に埋もれていましたが、孫武の才に惚れ込んだ伍子胥が孫武を呉王に推挙します。

初めは興味を示さなかった呉王も、度重なる伍子胥の推挙と、献上された『孫子』を読んで感銘を受け、孫武を宮中に召し出し、会ってみることにしました。

「先生の著作十三篇、すべて読ませていただきました。

書物の内容はたいへん素晴らしいものでしたが、如何でありましょう、
先生の指揮ぶりを実際にここで拝見させていただけないであろうか？」

口先だけの人物やも知れぬ。

他ならぬ伍子胥の推挙があったとはいえ、どこの馬の骨とも知れぬ者をいきなり将軍に任ずることに呉王も不安を覚えたのでしょう。

いわば〝採用試験〟をしようというわけです。


――よろしいですとも。


しかし、宮中のこととてすぐに兵は集められぬので、呉王は宮中に仕える女官を集め、これを兵の代わりとさせます。

さっそく孫武は女官全員に戟《ほこ》を持たせ、これを90名ずつ2隊に分け、それぞれの隊長に呉王の寵姫2人を据えて指揮を始めました。


――よく聞け。

私が「右」と命じたら右、「左」と命じたら左を向くように。

号令に従わぬ者は軍法に照らし合わせて処分するから心せよ。

ではいくぞ！　右！

しかし、軍事経験などまるでなく、やる気もない女官たちはこれに従わないどころかケラケラと笑い出す始末。

呉王もこうなることを承知で、敢えて女官を指揮させたのでしょう。

こうしたまるでやる気のない女官たちをどうやって指揮するか。

そこが見物、というわけです。孫武は冷静に続けます。

――号令が守られないのが命令の不徹底に拠るものであるとするならば、

それは将たる私の責任である。

そこで孫武はもう一度、命令を徹底させたうえで、改めて号令をかけます。

――左！

しかし結果は同じ。

女官どもはケラケラと笑い出すのみ。

――命令が徹底されておらぬときは将の責任だが、

徹底されているにもかかわらず命令が守られないのは兵の責任である！

申し伝えておいたとおり、軍法に照らし合わせ、隊長の首を刎《は》ねよ！

お遊びだと思って不真面目にやっていた女官たちは阿鼻叫喚。

これを見ていた呉王（闔閭）も驚いて制止をかけます。
「お待ちくだされ、孫武殿！
先生の実力のほどはよくわかりました。
演習はここまでとし、その２人を許してもらいたい。
２人は我が寵姫、彼女たちを失ったら、余は食事も喉を通らぬでな」
しかし、孫武はこれを顧みません。

「君命も受けざる所あり。」

上司から命令を受けた部下が、いざ現場に赴いてみると、その命令が的外れであることがあります。

それは、上層部の無能・無見識によるそもそも誤った命令であったり、あるいは会議室で決議されたときには正しい判断であっても、現場は刻一刻と状況が変わるため、その命令が実行に移される段になったとき、的外れな命令になってしまっていることもあります。

こうした場合、孫武は自著の中で「現場の判断で上司の命令に背くことも許される」と述べています。

——陛下はちゃんと我が兵法書を読まれましたな？

将、軍にありては君命も受けざる所あり！

ひとたび将に任命された以上、君命といえども従うわけにはいきませぬぞ！

斬れ！

こうして問答無用で斬首された寵姫を目の当たりにした女官たちは震え上がり、以後は孫武の命令一下、整然と動くようになりました。

——陛下。練兵はすみました。

今やこの兵は、王の命令とあらば、たとえ火の中水の中でも飛び込むでしょう。

どうぞ閲兵してください。

しかし、呉王は不愉快千万。憮然として答えます。

「いや、それには及ばぬ。そなたも宿舎に戻るがよい」

これに対して孫武は答えます。

——どうも陛下は兵法の理論は知っておられても、実践は苦手のようですな。

いくら知識があっても、それが実践に現れていないのでは意味がないことを皮肉った言葉でした。

「理解したものは必ず行動となって顕れる。」

「知行合一《ちこうごういつ》」という言葉があります。

これは明代の儒学者・王陽明の言葉です。

「理解したことは、必ず行動となって現れるものであり、行動に現れないということは、その者は知識はあっても何もわかっていないという証である」という意味です。

受験生をもつ母親が、子をどやしつけます。

「またゲームばっかり！　しっかり勉強しなきゃ、いい大学には入れないんだよ！」

すると、息子がする口答えはいつの世も一緒。

「わかってるよ、そんなこと！」

いいえ、わかっていません。

行動（勉強）となって現れていないからです。

古人の糟魄《そう》

ところで、呉王闔閭の時代から時を150年ほど遡りますと、当時は、呉の北に位置していた斉の桓公が覇を唱えていました。

桓公が書斎で読書をしていたときのことです。

庭先では輪扁《りんぺん》という車大工が車輪を作っていましたが、黙々と読書をする桓公にそそくさと近づいて訊ねました。

「畏れ入ります。

陛下は先ほどからずいぶんとご熱心に本を読んでおられますが、それはどんな内容のご本で？」

公は答えます。

――おぬしに言うてもわかるまい。

聖人様のありがたい教えが書かれた本じゃ。

「へぇ。その聖人様とやらはまだご存命で？」

――いや、とうの昔に亡くなられておる。

「ははは、なぁんだ。じゃ、それは聖人様の〝クソ〟[※5]みたいなもんですな！」

この言葉に桓公は激怒。

――クソとはなんだ!!

車大工如きの分際で、余の読書にケチをつける気か！

ちゃんとした説明ができるんだろうな!?

できなくば、その首たたき落とすからそのつもりで答えよ！

これに対して輪扁は答えて曰く。

「へぇ、あっしは車大工ですから、車仕事に喩えて説明いたしやす。

この車輪を作るにはコツがあります。

軸穴が小さすぎては軸が穴に入りませんし、大きすぎてはグラついて使い物になりません。緩くもなくキツくもなく、ピッタリとはまるものを作るコツは、永年の経験の積み重ねでようやく会得できるものでして、おいそれと言葉で説明できるものではございません。

私には跡取り息子がおりますので、このコツを伝授しようと、言葉を尽くして説明してやっておるのですが、息子はいまだに修得してくれません。

聖人様の会得した境地とやらは、車輪づくりのコツなんかよりもはるかに崇高なもののはず。そんな崇高なものが言葉で表せるはずもありません。よって、〝クソみたいなもの〟――というわけです」

「言葉は月を差す指にして、月そのものに非ず。」

月を説明するときに、月を指さしたからといって、その指が月そのものというわけではありません。

言葉もまったくおなじで、古《いにしえ》の聖人様が会得した境地を説明した言葉は、言葉にされた時点でその〝形相〟にすぎず、境地そのものではありません。

達磨《だるま》大師もおっしゃいました。

「不立文字《ふりゅうもんじ》」※6と。

したがって、教えを解説した言葉はあくまで「糟魄《クソ》」にすぎず、それを知ったことで教えを理解した気になってはなりません。

あとはこれを基にして、どれだけ実践で試し、試行錯誤を繰り返して、言葉の真意を理解していくか。

ここにかかっています。

本書を読んだあと、そのまま書棚で埃をかぶらせておくのでは、「論語読みの論語知らず」となること必定です。

本書の知識が活かされることは決してないでしょう。

ここをスタートラインとして、その知識を如何に実生活の中で活用していくか。

それができた者のみが、本当に「歴史を糧として成功法則を会得する」ことができるのです。

※1　名前のあとに付けられる「子」というのは「先生」という意味の尊称です。
※2　「臥薪嘗胆」の故事で有名な春秋時代の呉の国の王。
※3　現在では「実在の人物」として認められる傾向にあります。
※4　「死者に鞭打つ」、「日暮れて道遠し」などの故事で有名な人物。
※5　原文では「糟魄」。
直訳的には「搾りかす」。人間の搾りかすとは、すなわち便のこと。
※6　「真理というものは決して文字に表せるものではない」ということ。

あとがき

本書の冒頭で、

――歴史から教訓を学ばぬ者は、過ちを繰り返して亡びる。

このW《ウィンストン》・チャーチルの言葉を取り上げました。

彼はただひとり、戦中においてはA《アドルフ》・ヒトラーの真意を見抜き、戦後においてはI《ヨシフ》・スターリンの意図を見抜いた、おそろしい慧眼《けいがん》の持ち主です。

彼の存在がなければ、20世紀の歴史は、今とは想像できないほど大きく変わっていたに違いありません。

その〝慧眼チャーチル〟の残した言葉は、ひとつひとつ重みを持ちますが、彼は冒頭の言葉と対となる別の言葉も残しています。

――人間が歴史から学んだ唯一のことは、

人間は歴史から何ひとつ学ばない、ということだ。

然り。

歴史に学ぶ重要性、有効性は、多くの先人たちが繰り返し繰り返し訴えてきたことですが、人は一向にこれに学ぼうとしません。

たとえば、ウィーン会議（１８１４〜１８１５年）の大国専横主義の過ちが巡り巡って１００年後に第一次世界大戦（１９１４〜１９１８年）を引き起こすことになりました。

人類が経験したことのないこの大戦禍に、「もう二度とこんな戦争を起こさないようにしよう！」という世論がヨーロッパを席捲します。

しかし、そうした声が渦巻く中、戦後処理をするべくパリに集まった米英仏の三大国は、その講和会議において、ウィーン会議とまったく同じ「大国専横主義」の過ちを犯します。

これには連合国総司令官であったＦ《フェルディナン》・フォッシュも嘆息しています。

――これは講和などと呼べる代物ではない。

ただの20年間の休戦にすぎぬ。

然して、その20年後。

第一次世界大戦など比較にならない大戦禍となる第二次世界大戦（1939～1945年）は勃発することになります。

チャーチルの言葉通り、人は何ひとつ歴史から学びません。

はなから「歴史に学ぶ」というスタンスを持たぬ愚者（ビスマルク言）は論外として、たとえ歴史を学び、その知識がある者でも、真に〝理解〟し〝体得〟していないがゆえに、それを「人生の肥やし」とすることができない。

かくいう筆者も、本書に筆を走らせながら、改めて〝知識はあっても実践できていない〟自分を再確認させられ、嘆いている次第。

――言うは易し、行うは難し。（『塩鉄論《えんてつろん》』利議《りぎ》篇）

そうした意味において、本書の「15の成功法則」の中でも、最後の章で扱った「学びて思わざれば則ち罔し」を実践することが最も難しいかもしれません。

しかし、だからこそ、これを実践できる者は確実に〝大いなる成功〟を遂げ、名を残し、「歴史に学ぶ重要性」を訴える名言・格言を残していく――ということが繰り返されているのでしょう。

歴史ほど、学んでいて血湧き肉躍り、楽しく、その上人生に役に立つ生きた学問も他にありません。

しかし同時に、これを身に付けることはなかなか容易なことではありません。

だからこそ一生学んでいくに足る学問とも言えます。

本書が、歴史を学ぶ意義と歓びを知る足がかりとなって、〝次〟へのステップとなってくれたなら、筆者としても望外の悦びです。

著者記す

２０１６年２月

文庫版あとがき

平素、予備校の教壇に立って歴史を教えていますと、大学に入ろうかという受験生がただただ字句の丸暗記に汲々として、歴史の意義・有意性をまったく理解できていない事実に逢着し、私は毎年毎年、まず最初に「歴史を学ぶ基本姿勢」から教えなければならない日々を送ってきました。

本来、そうしたことは私の孤軍奮闘ではなく、すべての世界史教師が当たり前のように教えて然るべきなのですが、現実には、世界史教師でありながら歴史をまったく理解できていない者が多く、ほとんどの人は学生時代、一度も〝本当の歴史〟に触れることなく「歴史なんかつまらない」「役に立たない」と誤解したまま社会へ出てしまっている惨状があります。

じつのところ、私も〝そのひとり〟でしたが、予備校時代に出会った師の教えによって開眼《かいげん》することができました。

その師との出逢いが私の人生を劇的に変えたのです。

私が師から賜った恩をひとりでも多くの人に分け与えたい。

こうした想いを胸に日々教壇に立ち、また教え子も私の想いに応えて「歴史がこんなにおもしろいものだとは知らなかった！」と悦んでくれますが、所詮、私ひとりが予備校の教室の中だけで奮闘してみても、それには限界があります。

もっともっと多くの人に歴史を学ぶ意味や重要性を伝えたい。

そうした想いに駆られ、２０１６年、ダイヤモンド社から『最強の成功哲学書　世界史』が上梓されました。

すると、ありがたいことに各方面から大きな反響を呼び、翌年には中国語や韓国語に翻訳出版されるという僥倖《ぎょうこう》を得、さらにこのたび、ＰＨＰ研究所から文庫本化されることと相なりました。

文庫本化されたことで、さらに多くの方の歴史に対する意識改革となってくれたなら、筆者本懐の極みです。

２０１８年８月

著者しるす

著者紹介
神野正史（じんの　まさふみ）
河合塾世界史講師。世界史ドットコム主宰。学びエイド鉄人講師。ネットゼミ世界史編集顧問。ブロードバンド予備校世界史講師。歴史エバンジェリスト。
1965年名古屋生まれ。既存のどんな学習法よりも「たのしくて」「最小の努力で」「絶大な効果」のある学習法の開発を永年に渡って研究し、開発。「世界史に暗記は要らない」という信念から作られた『神野式世界史教授法』は、毎年、受講生から「“歴史が見える”という感覚が開眼する！」と、絶賛と感動を巻き起こしている。加えて、自身が運営する世界史専門のネット予備校「世界史ドットコム」は、大学受験生はもちろん、「軽快なテンポで、歴史の流れがわかる！」と小中学生、社会人からも絶大な支持を得る超人気講座に。また、「歴史エバンジェリスト」としての顔も持ち、TV出演、講演、雑誌取材、ゲーム監修なども多彩にこなす。
著書に『世界史劇場』シリーズ（ベレ出版）、『「覇権」で読み解けば世界史がわかる』（祥伝社）、『「世界史」で読み解けば日本史がわかる』（祥伝社）、『戦争と革命の世界史』（大和書房）などがある。

イラスト　いのうえもえ
本文デザイン原案　山田知子（chichols）

この作品は、2016年２月にダイヤモンド社から出された『最強の成功哲学書 世界史』を改題し再編集したものです。

ＰＨＰ文庫　最強の教訓！ 世界史

2018年10月15日　第１版第１刷
2019年12月26日　第１版第11刷

著　者　神野正史
発行者　後藤淳一
発行所　株式会社ＰＨＰ研究所
東京本部　〒135-8137 江東区豊洲5-6-52
PHP文庫出版部　☎03-3520-9617(編集)
普及部　☎03-3520-9630(販売)
京都本部　〒601-8411 京都市南区西九条北ノ内町11
PHP INTERFACE　https://www.php.co.jp/

組　版　有限会社エヴリ・シンク
印刷所
製本所　図書印刷株式会社

ISBN978-4-569-76856-4